はじめに

JN075248

「英語ができるようになりたいけれど、何をしたら良いかわからない。」
「今の英語勉強法が効果的かわからない。」
「英語の勉強を頑張っているのに、なかなかできるようにならない。」

この本を手に取ってくださったあなたは、このように悩んでいませんか。

私たち＊は英語を学ぶとき、母国語である日本語を通して理解します。**その英語がどういう意味か、なぜそのような英文法を使うのか、まず日本語できちんとわかることが大切**なのです。

＊ 長年英語圏で生活している、父親や母親の母国語が英語である、バイリンガルの人は除きます。

母国語である日本語は、幼いころからたくさん言葉を聞いて、自然と習得できましたね。しかし、外国語である英語はそうはいきません。意味がわかっていないのに、英語をシャワーのように浴びても英語の力は伸びないのです。

日本語を通して英語をきちんと理解できるように、本書は日本語の解説を充実させました。新出の文法項目に対して、基本的に**左ページ：日本語解説、右ページ：英語解説**という構成になっています。しっかりと見比べて、日本語でいうとどういうことか、なぜそのような英語になるのかを理解してほしいと思います。

学習を進めていくと、英語圏と日本語圏では文化が異なり、そのちがいが言語にも表れていることに気づくはずです。**文化や考え方のちがいを理解することも、外国語の学習の醍醐味**です。ぜひ楽しみながら、日本語と英語を比べて、両者の理解を深めましょう！

オーダーメイド自律学習支援教室「テラック」代表　多田淑恵

目次

日本語と英語のちがいがわかる解説と
やさしい問題を繰り返して、
英文法の基礎を固めよう！

0. 日本語の品詞と英語の品詞

日本語の品詞

皆さんは、品詞という言葉を聞いたことがありますか。
品詞とは、単語をその働きによって分類したものです。
英語を学習する上でとても大切なので、復習しておきましょう。

●日本語の品詞

名詞　　人、物、場所、物事の名前などを表す語。
　　　　（例）りんご、学校、生徒、水、日本、東京、サチコ

動詞　　動作や状態、存在などを表す語。言い切りの形がウ段の音で終わる。
　　　　（例）ネコが歩く。　　　私は歌う。　　　本がある。

形容詞　物事の状態や性質を表し、名詞などを詳しく説明する語。
　　　　言い切りの形が「い」で終わる。
　　　　（例）新しいかばん　　かわいいサチコ　　私はかわいい。

形容動詞　物事の状態や性質を表し、名詞などを詳しく説明する語。
　　　　言い切りの形が「だ」で終わる。
　　　　（例）私は幸せだ。　　　　幸せな時間

　　　　　　　コンビニは便利だ。　　便利な道具

> 形容動詞は、名詞を修飾するとき「〜な」に形が変わるよ。

副詞　　主に動詞などを詳しく説明する語。
　　　　（例）ゆっくり歩く　　ときどき歌う　　じっくり読む

助詞　　語と語の関係を示す語。
　　　　（例）トムと私は　行きます。　　彼女がサチコです。

助動詞　動詞、形容詞、形容動詞などに意味をそえる働きをする語。
　　　　（例）財布が盗まれる。　　　テニスをしよう。　　　彼女がサチコです。
　　　　　　　盗む＋れる（受け身）　　する＋う（意思）　　　　　です（断定）

さらにもう一歩進んで、日本語と英語の品詞のちがいについても考えてみましょう。

英語と日本語の品詞のちがい

英語と日本語の品詞には、次のようなちがいがあります。

☆英語には形容動詞がない

　英語には形容動詞がありません。状態や性質を表す語は全て形容詞に分類されます。

日本語（形容動詞）	英語（形容詞）
幸せだ	happy
きれいだ	beautiful
便利だ	convenient

☆英語には助詞がない

　英語には助詞がなく、語の位置によって働きが決まります。語そのものが変化することもあります。

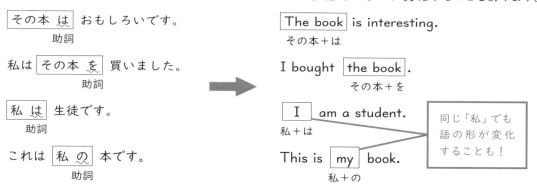

☆助詞に似た言葉

　英語には日本語と似ているところもあります。語と語の関係性を、日本語では助詞で示しますが、英語では前置詞や接続詞を使って示すこともあります。

　その他、英語では「like（好きだ）」「know（知っている）」が動詞、「favorite（お気に入りの）」「tall（背が高い）」が形容詞というように、品詞や語の切れ目が日本語とちがうことがあります。

1. 過去の存在──There is 構文の過去形

> 机の上に本がありました。
> 部屋の中にネコがいました。

Q. 過去の表現に書きかえるとき、次の（　　）にはどんな言葉があてはまりますか。

① 机の上に本があります。　→　昨日、机の上に本が（　　　　　）。

② 部屋の中にネコがいます。　→　昨日、部屋の中にネコが（　　　　　）。

A. ① ありました　② いました

物や人・動物などの存在を表すとき、「あります」「います」を使いますね。
「た」を付けて「ありました」「いました」とすると、過去の存在を表す表現になります。

　　　　　　　　　　　過去の存在
　あります　＋　た　→　ありました
　います　　＋　た　→　いました

机の上に　　本　　がありました。

部屋の中に　ネコ　がいました。

> 過去にはあったけど、
> 今あるかどうかはわからないね。

箱の中に　りんご　がありました。

●日本語の「あります」という表現についてもう少し考えてみましょう。
　例えば「先週の月曜日にテストがありました。」「昨日試合がありました。」という文では、テストや試合が存在していたともとらえられますが、「（私は）テストを受けました。」「（彼らは）試合をしました。」というように動作や経験ともとらえられますね。

> There was **a book on the desk.**
> There were **cats in the room.**

★聞き手が知らない人や物などの存在は、〈There + is / are + 主語 ~.〉で表します。「ありました」「いました」というように過去の存在を表すとき、be 動詞を過去形にして、〈There + was / were + 主語 ~.〉にします。

There is | a book | on the desk.　机の上に本があります。
→ There was | a book | on the desk.　机の上に本がありました。

There are | cats | in the room.　部屋の中にネコがいます。
→ There were | cats | in the room.　部屋の中にネコがいました。

There are | apples | in the box.　箱の中にりんごがあります。
→ There were | apples | in the box.　箱の中にりんごがありました。

☆「先週の月曜日にテストがありました。」「昨日試合がありました。」という文は、以下の二通りの英訳ができます。

① 「テストや試合が存在していた」ととらえて〈There was ~〉を使う。
　　There was an examination last Monday.
　　There was a game yesterday.

② 「私はテストを受けた」「彼らは試合をした」ととらえる。
　　I had an examination last Monday.
　　They had a game yesterday.

> had は have の過去形。
> have は「~を経験する」
> という意味を持つ。

> ①は「だれがやったのか」書かれていないね。
> ②は「だれがやったのか」という主語が必要だよ。
> 「だれが」がわからないときは、「世間一般の人々」を
> 表す they, we, you などを使うんだ。

基本問題

【1】 日本文と同じ意味にするとき、(　　　　) 内の英語のうち正しいものを○で囲みましょう。

(1) いすの上にかばんがありました。

There (was / is) a bag on the chair.

名 chair
いす

(2) 箱の中にボールがありました。

There (be / was) a ball in the box.

名 ball
ボール

(3) 公園に鳥がいます。

There (was / are) some birds in the park.

名 bird
鳥
形 some
いくつかの、
2〜3の

(4) 部屋の中にネコがいます。

There (is / are) a cat in the room.

(5) そのネコは机の上にいました。

(The cat was / There was the cat) on the desk.

(6) かばんの中に本がありました。

There (were / are) books in the bag.

(7) 机の上に手紙がありました。

There (were / was) a letter on the desk.

名 letter
手紙

(8) その手紙はかばんの中にありました。

(There was the letter / The letter was) in the bag.

> 「その〜」というように特定のものが主語の場合、
> There is/are〜. は使わないよ。
> ○ The dog is in the room.
> × There is the dog in the room.

【2】 日本文と同じ意味にするとき、(　　　)内の英語を並べかえて、正しい英文を作りましょう。文頭は大文字で書きましょう。

(1)　私の財布の中にはいくらかお金が入っていました。

(was / money / in / there / my / wallet / some).

名 wallet
財布

_____

(2)　部屋にネコがいました。

(a / in / there / room / the / was / cat).

_____

(3)　机の上に鉛筆がありました。

(desk / were / pencils / there / on / the).

名 pencil
鉛筆

_____

(4)　いすの下に犬がいました。

(a / under / the / dog / chair / was / there).

前 under
～の下に

_____

(5)　部屋の中にたくさんのコンピューターがありました。

(many / in / there / the / computers / were / room).

形 many
たくさんの

名 room
部屋

_____

練習問題

【 I 】 次の英文には誤りがあります。誤りを直して日本文に合う英文に書きかえましょう。

（ I ） 彼のかばんの中には本が何冊か入っていました。

There are some books in his bag.

_____

（2） 私たちの町には図書館がありました。

There were a library in our town.

_____

名 library
図書館

（3） その学校はその駅の近くにありました。

There was the school near the station.

_____

前 near
〜の近くに
名 station
駅

（4） その本は彼のかばんの中にありました。

There was the book in his bag.

_____

（5） 机の上に一本のペンがありました。

A pen was on the desk.

_____

【2】　次の日本文を英文にしましょう。

（１）　そのいすの下に一匹のネコがいました。

_____

（２）　この家には三匹の犬がいました。

　　　　　　　　　　　　　　　　　　　　　　　　　　　名 house
　　　　　　　　　　　　　　　　　　　　　　　　　　　家

_____

（３）　机の上に一通の手紙がありました。

_____

（４）　そのペンは私のかばんの中にありました。

_____

（５）　その本は部屋の中にありました。

_____

A B C

2. There is 構文の否定文と疑問文

> There is not **a book on the desk.**
> Is there **a book on the desk?**

★「ありません」「いません」というように否定文にするとき、現在形では〈There ＋ is/are ＋ not ＋ ～.〉にします。「ありませんでした」「いませんでした」というときは、be 動詞を過去形にします。

There is not ｜a book｜ on the desk.　机の上に本がありません。

☆「一つも～ない」というとき、no を使います。no は〈not～any〉とも表せます。
There are ｜no books｜ in my bag.　＝　There are not ｜any books｜ in my bag.
私のかばんの中には一冊も本が入っていません。

There is ｜no money｜ in her wallet.　＝　There is not ｜any money｜ in her wallet.
彼女の財布の中には一円もお金が入っていません。

数えられる名詞の場合は、〈There ＋ are ＋ no ＋ ｜名詞の複数形｜ ～.〉
数えられない名詞の場合は、〈There ＋ is ＋ no ＋ ｜名詞の単数形｜ ～.〉となります。

> no「ゼロの～」に否定の意味が含まれているので、no を使うとき not はいらないよ。

★「ありますか」「いますか」というように疑問文にするとき、現在形では〈Is/Are ＋ there～?〉にします。この疑問文には、〈Yes, there ＋ is/are.〉あるいは〈No, there ＋ is/are ＋ not.〉で答えます。過去形の場合は、否定文と同じように be 動詞を was/were に変えます。

Is there ｜a book｜ on the desk?　机の上に（一冊）本はありますか。
— Yes, there is.　　　　　　　はい、あります。
— No, there is not.　　　　　　いいえ、ありません。

any を使うと、「（一つでも）ありますか／いますか」という意味になります。
Are there ｜any books｜ on the desk?　机の上に（一冊でも）本はありますか。
— Yes, there are.
— No, there are not.

> Is there a book～? は「本があるとすれば一冊だろう」と想定してたずねる場合に、
> Are there any books～? は「何冊でもいいから本があるかどうか」をたずねる場合に使います。

12

基本問題

【1】 日本文と同じ意味にするとき、（　　　　）内の英語のうち正しいもの
を〇で囲みましょう。

（1）　部屋の中にはネコはいません。

There (not is / is not) a cat in the room.

（2）　いすの上にかばんはありません。

There (is not / are not) a bag on the chair.

名 chair
いす

（3）　かばんの中に本は（一冊も）ありません。

There (is no / are no) books in the bag.

（4）　箱の中にボールはありますか。

(Is / Are) there a ball in the box ?

名 ball
ボール

　　　 —はい、あります。

Yes, (it is / there is).

（5）　いすの下に鳥は（一羽でも）いますか。

(Are there / Is there) any birds under the chair ?

名 bird
鳥
前 under
〜の下に

　　　 —いいえ、いません。

No, (they aren't / there isn't / there aren't).

（6）　机の上に手紙がありましたか。

(Is / Was / Were) there a letter on the desk ?

　　　 —はい、ありました。

Yes, (it was / there was / there were).

【2】 日本文と同じ意味にするとき、(　　　)内の英語を並べかえて、正しい英文を作りましょう。文頭は大文字で書きましょう。

（1） 私の財布の中にはお金が入っていません。

(is / money / no / in / there / my / wallet).

名 wallet
財布

_____

（2） 部屋にネコは（一匹も）いませんでした。

(no / in / there / room / the / were / cats).

_____

（3） 机の上に鉛筆はありません。

(desk / are / pencils / there / on / no / the).

名 pencil
鉛筆

_____

（4） いすの下に犬がいますか。

(a / under / the / dog / chair / is / there)?

_____

ーいいえ、いません。

(no / is / , / not / there).

_____

14

練習問題

【１】 次の日本文を英文にしましょう。（　　　）の指示があれば、それに
　　　 従って書きましょう。

（１）　私のかばんの中には（一円も）お金が入っていませんでした。
　　　 （no を使って）

　　　 _____

（２）　この家に犬は（一匹も）いません。（any を使って）

名 house
家

　　　 _____

（３）　その本の下に手紙が（何通か）ありますか。（any を使って）

　　　 _____

　　　 ― はい、あります。

　　　 _____

（４）　机の上に鉛筆は（何本か）ありますか。（any を使って）

　　　 _____

　　　 ― いいえ、ありません。

　　　 _____

3. 未来の予測・意思・予定 —— 未来形（will / be going to）

明日は晴れるでしょう。／私はテニスをするつもりです。

Q．未来のことを伝えているのはどの文ですか。全てに〇を付けましょう。

① 今日は晴れです。（　　　）　　　② 私はテニスをするつもりです。（　　　）

③ 明日、私はテニスをします。（　　　）　　　④ 明日は晴れるでしょう。（　　　）

A．②、③、④

日本語では、さまざまな表現で未来のことを表します。そして、細かな述語の表現のちがいでどれくらい確実な未来かを言い表すことができます。

次の例のように、同じ明日という未来であっても、言い回し一つでその確率は変わります。

（1）明日、私は宿題をします。　　　　　［断言］確実度100%

　　➡ はっきりとそうしようとしている。「将来医者になる！」のように決意を表すこともあります。

（2）明日は晴れるでしょう。　　　　　　［予測・予報］確実度90%

　　➡ 見込みが高くても、確実とは言えない。気象予報士がよく使う言い方です。

（3）明日、私はテニスをするつもりです。［計画］確実度80%

　　➡ 中止する可能性もある。あくまでも予定です。

修飾語（副詞）が確率を変えることもあります。

（4）明日、必ず手紙が届きます。　　　　［強い断言］確実度120%

　　➡ 絶対そうなる。（1）をもっと強くした言い方で、きっとと同じような意味です。

（5）明日にはおそらく手紙が届くだろう。［推量］確実度60%

　　➡ そうなるかもしれない。たぶんと同じ意味です。

> 日本語では、述語の表現を変えたり、副詞を付け加えたりすることで、未来のことやその確実度を言い表します。

It will be sunny tomorrow. / I am going to play tennis.

★「～でしょう」という未来の予測や「～するつもりです」という未来の意思を表すとき、
助動詞 will や be going to を使います。
〈主語 + will + 動詞の原形～.〉〈主語 + be動詞 + going + to + 動詞の原形～.〉の形にします。
（動詞の原形とは、三人称単数現在形の s や過去形の ed などが付かない基本の形のことです。）

    [現在形] It is sunny today.　　今日は晴れです。
➡ [未来形] It <u>will</u> be sunny tomorrow.　　明日は晴れるでしょう。
              = is going to

    [現在形] I play tennis.　　私はテニスをします。
➡ [未来形] I <u>am going to</u> play tennis tomorrow.　　明日、私はテニスをするつもりです。
              = will

☆ will はその場で決めたこと、不確定な未来や予測を表すときに使いますが、be going to は<u>前か
ら予定していたこと、すでに確定している未来や予定を表すとき</u>に使います。しかし、will と
be going to を使い分ける必要がないことが多いです。

「～でしょう」「～するつもりです」など 確実度80～90% のことは、will や be going to で表
しますが、「～します」というように 確実度100% のことは英語でも現在形で表します。
確実度95% のときは現在進行形で表します。
  I <u>do</u> my homework tomorrow.　　　　　確実度100%（何があっても変更不可）
  I <u>am doing</u> my homework tomorrow.　　確実度95%
  I <u>will / am going to do</u> my homework.　確実度80～90%

日本語と同じように「certainly（必ず）」「probably（おそらく）」などの副詞を使って、
確率を表すこともあります。

何があっても変更不可能なことはあまりないよね。
未来のことは基本的に〈will / be going to〉を使う
ようにしよう。

基本問題

【１】 日本文と同じ意味にするとき、（　　　　）内の英語のうち正しいもの
を〇で囲みましょう。

（１）　私は毎日テニスをします。

I (play / played / will play) tennis every day.

（２）　私は明日、テニスをするつもりです。

I (play / played / will play) tennis tomorrow.

（３）　彼は毎週日曜日に英語を勉強します。

He (study / studies / will study) English on Sundays.

名 Sunday
日曜日
・on Sundays
　毎週日曜日に

（４）　彼は明日、英語を勉強するつもりです。

He (study / studies / will study) English tomorrow.

（５）　トムは来週末、ギターを練習する予定です。

Tom (is going to / are going to) practice the guitar next
weekend.

名 guitar
ギター

動 practice
練習する

・next weekend
　来週末

（６）　私は明日、公園で走る予定です。

I (am going to / are going to) run in the park tomorrow.

（７）　今日は晴れです。

It (is / was / will be) sunny today.

（８）　昨日は晴れでした。

It (is / was / will be) sunny yesterday.

（９）　明日は晴れるでしょう。

It (is / was / will be) sunny tomorrow.

【2】 日本文と同じ意味にするとき、(　　　)内の英語を並べかえて、正しい英文を作りましょう。文頭は大文字で書きましょう。

（1） 私たちは明日、サッカーをする予定です。

(are / soccer / to / we / tomorrow / going / play).

_____

（2） 私は来週、図書館に行く予定です。

(going / next / am / to / library / to/ go / I / the / week).

名 library
図書館

_____

（3） サチコは来週末、部屋を掃除するつもりです。

(will / room / Sachiko / the / clean / next / weekend).

動 clean
掃除する

_____

（4） トムは明日、日本語を勉強するつもりです。

(is / tomorrow / Japanese / going / to / Tom / study).

_____

（5） その少年たちは来週の日曜日に公園で走るつもりです。

(next / the / Sunday / park / in / the / run / boys / will).

_____

ABC

練習問題

【Ⅰ】 次の英文には誤りがあります。誤りを直して日本文に合う英文に書き
かえましょう。

（1） 私は明日、このコンピューターを使います。

I use this computer tomorrow.

_____

（2） 彼らは来週末、サッカーをする予定です。

They going to play soccer next weekend.

_____

（3） その少年は次の日曜日に部屋を掃除するつもりです。

The boy will cleans the room next Sunday.

_____

（4） 明日は晴れるでしょう。

It is sunny tomorrow.

_____

（5） サチコは毎日ピアノを練習します。

Sachiko is going to practice the piano every day.

_____

【２】 次の日本文を英文にしましょう。

（１） 私は明日、図書館に行くつもりです。

_____

（２） サチコは次の日曜日に英語を勉強するつもりです。

_____

（３） トムは来週、公園でサッカーをする予定です。

_____

（４） 私の母は明日、その部屋を掃除します。

名 mother
母

_____

（５） その生徒たちは明日、そのコンピューターを使う予定です。

名 student
生徒

_____

日本語の「〜します」は、未来のことも現在のことも表せますが、英語
では未来形と現在形を明確に区別します。
　私は明日、部屋を掃除します。　I will clean the room tomorrow.
　私は毎日、部屋を掃除します。　I clean the room every day.
日本語を読み解いて、どの時制になるかを考えて英語に訳すことが大切
です。

4. 未来形の否定文と疑問文

> He will not be at home. / Will you play tennis?
> I am not going to play tennis. / Is she going to study English?

★「～するつもりではありません」「～しないでしょう」というように、未来形の否定文にするには、助動詞 will の後に not を付けます。be going to の場合は、be 動詞の後に not を付けます。

He will not be at home.　彼は家にいるつもりではありません。

will not は won't に短縮できます。

I am not going to play tennis.　私はテニスをするつもりではありません。
She is not going to study English.　彼女は英語を勉強するつもりではありません。

★「～するつもりですか」「～するでしょうか」というように、未来形の疑問文にするには、助動詞 will を文頭に置きます。この疑問文には、〈Yes, 主語 + will.〉あるいは〈No, 主語 + will + not.〉で答えます。

Will you play tennis?　あなたはテニスをするつもりですか。

— Yes, I will.　はい、そうです。
— No, I will not.　いいえ、ちがいます。

> will の使い方は
> 一年生で習った
> can と同じだね。

★ be going to の疑問文は、be 動詞を文頭に置きます。
この疑問文には、〈Yes, 主語 + be 動詞.〉あるいは〈No, 主語 + be 動詞 + not.〉で答えます。

Is she going to study English?　彼女は英語を勉強するつもりですか。

— Yes, she is.　はい、そうです。
— No, she is not.　いいえ、ちがいます。

基本問題

【I】 日本文と同じ意味にするとき、（　　　　）内の英語のうち正しいものを○で囲みましょう。

（1） 私は毎日テニスをしません。

I (not / don't / will not) play tennis every day.

（2） 私は明日、テニスをするつもりではありません。

I (not / don't / will not) play tennis tomorrow.

（3） 彼は毎週土曜日に英語を勉強しません。

He (don't / doesn't / won't) study English on Saturdays.

名 Saturday
土曜日
・on Saturdays
　毎週土曜日に

（4） 彼は明日、英語を勉強するつもりではありません。

He (don't / doesn't / won't) English tomorrow.

（5） 彼らは明日、図書館に行く予定ではありません。

They (don't / won't / aren't) go to the library tomorrow.

名 library
図書館

（6） トムは来週末、ギターを練習する予定ですか。

(Is Tom going / Does Tom going) to practice the guitar next weekend?

― いいえ、ちがいます。

No, he (doesn't / isn't / isn't going).

名 guitar
ギター

動 practice
練習する

・next weekend
　来週末

（7） あなたは明日、公園で走る予定ですか。

(Is it going / Are you going) to run in the park tomorrow?

― はい、そうです。

Yes, (it is / you are / I am).

【2】 日本文と同じ意味にするとき、（　　　　）内の英語を並べかえて、正しい英文を作りましょう。文頭は大文字で書きましょう。

（1）　私たちは明日、サッカーをする予定ではありません。

（ are / soccer / not / to / we / tomorrow / going / play ）.

_____

（2）　サチコは来週末、部屋を掃除するつもりではありません。

（ won't / room / Sachiko / the / clean / next / weekend ）.

_____

動 clean
掃除する

（3）　あなたは明日、図書館に行く予定ですか。

（ you / going / tomorrow / to / library / to / go / are / the ）?

_____

　― はい、そうです。
（ I / yes / , / am ）.

_____

（4）　その少年たちは来週の金曜日に公園で走るつもりですか。

（ next / the / Friday / park / in / the / run / boys / will ）?

_____

名 Friday
金曜日

　― いいえ、ちがいます。
（ no / will / not / they / , ）.

_____

練習問題

【 I 】　次の日本文を英文にしましょう。

（１）　私は明日、図書館に行くつもりではありません。

_____

（２）　トムは来週、公園でサッカーをする予定ではありません。

_____

（３）　あなたは明日、その部屋を掃除しますか。

_____

　　　　— はい、します。

_____

（４）　その生徒たちは明日、そのコンピューターを使う予定ですか。

_____

　　　　— いいえ、ちがいます。

_____

5. お願いの表現 —— Can / Could / Will / Would you~?

> 手伝ってもらえますか。／窓を開けてもらえますか。
> ドアを閉めてもらえませんか。／英語を教えてもらえますか。

Q. お願いの表現にするには、次の（　　　）にどんな言葉をあてはめればよいでしょうか。

　手伝って（　　　　　　　　　　）。

A. もらえますか、もらえませんか、くれませんか、いただけませんか　など

　手伝ってもらえますか。
　窓を開けてもらえますか。
　ドアを閉めてもらえますか。
　英語を教えてもらえますか。

「手伝って。」「窓を開けてください。」「ドアを閉めてちょうだい。」でもお願いになりますが、
「～してもらえますか」の方が丁寧なお願いの仕方になります。
敬語を使えば丁寧になるのはもちろんですが、疑問文を使う方が相手におうかがいを立てている
ので、より丁寧な表現になりますね。

```
手伝って！                  カジュアル
手伝ってください。
手伝ってもらえますか。
手伝っていただけますか。        丁寧
```

また、次のような表現もあります。

　手伝ってもらえますか。　　＝　手伝ってもらえ<u>ません</u>か。
　手伝っていただけますか。　＝　手伝っていただけ<u>ません</u>か。

これらは打ち消しを使っていますが、<u>打ち消しの意味を持ちません</u>。
だから、意味としては「～もらえますか」「～いただけますか」と同じです。

> # Can you **help me**? / Could you **open the window**?
> # Will you **close the door**? / Would you **teach me English**?

★「〜してもらえますか」というようにお願いしたいとき、英語では〈Can you〜？〉
〈Could you〜？〉〈Will you〜？〉〈Would you〜？〉を使います。

Can you **help me**?	手伝ってもらえますか。
Could you **open the window**?	窓を開けてもらえますか。
Will you **close the door**?	ドアを閉めてもらえますか。
Would you **teach me English**?	英語を教えてもらえますか。

☆ Can / Could / Will / Would you〜？のちがい

・〈Can you〜？〉は「〜できますか」と気軽にたずねる表現です。
・〈Will you〜？〉は「〜する意思はありますか（〜してくれるよね!?）」という命令文に近い
　意味合いです。だから使う際には注意が必要です。

〈Can you〜？〉〈Will you〜？〉を〈Could you〜？〉〈Would you〜？〉と過去形にすると、より
丁寧な表現になります。

・〈Could you〜？〉は「（ご迷惑でなければ）〜していただけませんか」という表現です。
・〈Would you〜？〉は丁寧な表現ですが、言い方や文脈によっては「どうかお願いします」
　という切実なお願いを表し、相手が断りづらくなってしまう可能性があるので注意しま
　しょう。

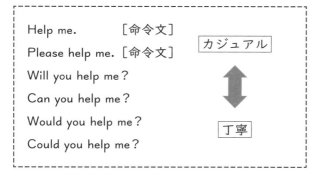

日本語でも様々なお願いの仕方、敬語など丁寧さを表す表現があるように、英語でも色々な依頼
の表現がありますね。

基本問題

【1】 日本文と同じ意味にするとき、（　　　　）内の英語を並べかえて、正しい英文を作りましょう。文頭は大文字で書きましょう。

（1）　手伝ってもらえますか。

(help / would / you / me)?

_____

（2）　ドアを開けてもらえますか。

(door / open / will / the / you)?

_____

（3）　窓を閉めてもらえますか。

(close / you / the / window / can)?

_____

（4）　英語で話してもらえますか。

(in / could / speak / English / you)?

_____

（5）　ギターを弾いてもらえますか。

(you / the / guitar / will / play)?

_____

名 door
ドア

動 open
開ける

名 window
窓

動 close
閉める

名 English
英語

・in English
英語で

28

練習問題

【1】 次の日本文を英文にしましょう。

（1） 日本語で手紙を書いてもらえませんか。

_____

（2） 私に英語を教えてくれませんか。

_____

（3） ピアノを弾いてもらえませんか。

_____

（4） この部屋を掃除してくれませんか。

_____

（5） その窓を開けてもらえますか。

_____

名 letter
手紙

動 write
書く

名 Japanese
日本語
・in Japanese
　日本語で

動 teach
教える
・teach 人 物
　人に 物 を教える

動 clean
掃除する

6. 主節と従属節 ── 接続詞（when / if / because / that）

> もし明日晴れたら、テニスをしましょう。
> 私はそれが良い（ことだ）と思います。

Q．次の文の述語に線を引きましょう。
私が家に着いたとき、妹はテレビを見ていました。

A．着いた、見ていました

●もっとも単純な形の文は、述語が一つの文です。（単文）
妹はテレビを<u>見ていました</u>。
　　　　　　述語1

下の文のように、述語が二つ以上ある文もあります。（複文）
私が家に<u>着いた</u>とき、妹はテレビを<u>見ていました</u>。
　　　述語2　　　　　　　　　　　述語1

文の最後の述語（述語1）を中心としたまとまりを<u>主節</u>、文の途中の述語（述語2）を中心としたまとまりを<u>従属節</u>といいます。
「私が家に着いた」「妹はテレビを見ていました」というように、ただ節を並べるだけでは文が成立しません。

●様々な表現を付け加えることで、主節と従属節を一つの文にすることができます。
① 時の説明：〜とき
<u>私が家に着いたとき</u>、<u>妹はテレビを見ていました</u>。

② 条件・仮定：もし〜（し）たら
<u>もし明日晴れたら</u>、<u>テニスをしましょう</u>。

③ 理由：〜ので（から）
<u>今日はとても寒いので</u>、<u>セーターを着ています</u>。

④ 補足・引用：〜と（思う、言うなど）
<u>それが良いことだと</u>、<u>私は思います</u>。
＝ <u>私は</u>、<u>それが良いことだと思います</u>。

> 〜とが付く従属節は、「　」（かぎかっこ）でくくることができます。
> 「それが良いことだ。」と <u>私は思います</u>。

●日本語では、原則、従属節が主節の前にあり、主節の述語を最後に置きます。

> If it is sunny, let's play tennis.
> I think that it is good.

★従属節は、日本語では前に置きましたが、英語では前にも後ろにも置くことができます。

① 時の説明：when「〜とき」

私が家に着いたとき、妹はテレビを見ていました。

When I got home, my sister was watching TV.
　　　従属節　　　　　　　　主節

> 従属節が前のときは、，（カンマ）が付きます。

= My sister was watching TV when I got home.
　　　主節　　　　　　　　　従属節

② 条件・仮定：if「もし〜（し）たら」

もし明日晴れたら、テニスをしましょう。

If it is sunny tomorrow, let's play tennis.
　　従属節　　　　　　　主節

= Let's play tennis if it is sunny tomorrow.
　　主節　　　　　　　従属節

> 未来のことであっても、
> when「〜とき」
> if「もし〜（し）たら」という
> 従属節の中は現在形になるよ。

③ 理由：because「〜ので（から）」

今日はとても寒いので、セーターを着ています。

Because it is very cold today, I am wearing a sweater.
　　　従属節　　　　　　　　　主節

= I am wearing a sweater because it is very cold today.
　　　主節　　　　　　　　従属節

because を使う場合は、主節の後に because〜 を置くのが一般的です。

④ 補足・引用：that「〜と、こと」

それが良いことだと、私は思います。

I think (that) it is good.
　主節　　　　従属節

that〜は動詞「think（思う）」の目的語になっているので、前に置くことはできません。
また、that は省略することができます。

> 「それは良くないと思う。」は、I think <u>that it is not good</u>. ではなく
> <u>I do not think</u> that it is good. だよ。
> まず肯定か否定かの意見を主張するのが、英語の特徴なんだ。

基本問題

【1】 日本文と同じ意味にするとき、（　　　）内の英語のうち正しいものを〇で囲みましょう。

（1）　もし明日晴れたら、サッカーをしましょう。

（ When / If / Because ）it is sunny tomorrow, let's play soccer.

（2）　私が家に着いたとき、妹は英語を勉強していました。

（ When / If / Because ）I got home, my sister was studying English.

（3）　今日は晴れているので、テニスをしましょう。

Let's play tennis (when / if / because) it is sunny today.

（4）　それはおもしろいと思います。

I think (when / that / if) it is interesting.

（5）　もし暑かったら、少年たちは泳ぐつもりです。

The boys will swim (when / that / if) it is hot.

（6）　私はお腹が空いたので、サンドウィッチを食べました。

I ate a sandwich (that / because / if) I was hungry.

（7）　トムが若かったとき、彼は日本語が得意でした。

Tom was good at Japanese (because / when / if) he was young.

【2】 日本文と同じ意味にするとき、(　　　) 内の英語を並べかえて、正しい英文を作りましょう。文頭は大文字で書きましょう。

（1）　私が家に着いたとき、私の母は料理をしているところでした。

(got / my / when / mother / I / was / home / , / cooking).

_____

（2）　もし明日晴れたら、公園で走りましょう。

(let's / in / run / if / it / tomorrow / park / sunny / is / the).

_____

（3）　彼は親切だと私は思います。

(think / is / kind / I / he / that).

_____

（4）　雨だったので家にいました。

(home / it / because / I / at / was / rainy / was).

_____

名 home
家
・be at home
　家にいる
形 rainy
雨の

〈When / If 〜〉で始まる従属節を前に置くときは、
When / If 〜, 〜. というように「,（カンマ）」が必要だよ。
　　従属節　　　主節

従属節を後ろに置くときは、
〜when / if 〜. となり、「,」はいらないよ。
主節　　従属節

練習問題

【Ｉ】 次の英文には誤りがあります。誤りを直して日本文に合う英文に書きかえましょう。

（１） もし忙しいなら、私に言ってください。

Please tell me because you are busy.

_____

形 busy
忙しい
動 tell
言う
・tell 人
　人に言う

（２） 今日は晴れているので泳ぎましょう。

Let's swim when it is sunny today.

_____

（３） 家に到着したら、電話をください。

If you will get home, please call me.

_____

動 call
電話をする
・call 人
　人に電話をする

（４） 私が電話をしたとき、サチコはテレビを見ていました。

Sachiko watches TV when I called her.

_____

> 未来のことであっても、
> when「～とき」、if「もし～(し)たら」
> という節の中は現在形で表したね。

【2】 次の日本文を英文にしましょう。

（1） 私は彼女が親切だと思いません。

_____

（2） もし明日雨なら私は家にいるつもりです。

_____

（3） 忙しいので、あなたに電話できません。

_____

（4） 私が家に着いたとき、兄は英語を勉強していました。

_____

（5） 私は英語がおもしろいと思います。

_____

点

【１】　日本文と同じ意味にするとき、（　　　　）内の英語のうち正しいもの
　　　を○で囲みましょう。　　　　　　　　　　　　　　（３点×８）

（１）　公園にボールがあります。

　　　There (was / is) a ball in the park.

（２）　かばんの中にペンがありました。

　　　There (were / are) pens in the bag.

（３）　私は明日、サッカーをするつもりです。

　　　I (play / played / will play) soccer tomorrow.

（４）　彼は毎週日曜日にピアノを弾きます。

　　　He (play / plays / will play) the piano on Sundays.

（５）　もし明日晴れたら、買い物に行きましょう。

　　　(When / If / Because) it is sunny tomorrow, let's go
　　　shopping.

名 shopping
買い物

（６）　私が家に着いたとき、妹はテレビを見ていました。

　　　(When / If / Because) I got home, my sister was
　　　watching TV.

動 watch
見る

・get home
家に着く

（７）　それは良いと思います。

　　　I think (when / that / if) it is good.

（８）　手伝ってもらえますか。

　　　(Could / Let's / Do) you help me?

36

【2】 次の疑問文に対する答えとして正しいものを [_____] から選び、記号
　　で答えましょう。　　　　　　　　　　　　　　　（3点×6）

（1）　Are they going to visit Tokyo tomorrow？　　　[　　　]　　動 visit 訪れる

（2）　Is there a computer on the desk？　　　　　　[　　　]　　副 tonight 今夜

（3）　Will you watch TV tonight？　　　　　　　　[　　　]

（4）　Could you open the window？　　　　　　　　[　　　]　　名 window 窓

（5）　Is the girl going to play tennis？　　　　　　[　　　]　　名 girl 少女

（6）　Are there some cakes at the party？　　　　　[　　　]　　名 party パーティー

```
ア　Yes, they are.
イ　Yes, there are.
ウ　Sure.
エ　No, I won't.
オ　No, she isn't.
カ　Yes, there is.
```

副 sure もちろん

【3】 次の英文を（　　　）の指示に従って書きかえましょう。

（1）　Tom studies math.（文末に tomorrow を付けて）　　　（4点）　　名 math 数学

_____

（2）　You close the door.（「～してくれますか」とお願いする表現に）
　　　　　　　　　　　　　　　　　　　　　　　（4点）　　動 close 閉める

_____

（3）　He is kind.（I think を追加して）　　　　　　　（5点）

_____

（4）　We will swim. It will be hot.（If を使って一文に）　　（5点）

_____

【4】　日本文と同じ意味にするとき、（　　　）内の英語を並べかえて、正しい英文を作りましょう。文頭は大文字で書きましょう。　（4点×5）

（1）　トムは来週、図書館に行く予定です。

（ going / next / is / to / library / to / go / Tom / the / week ）.

_____

（2）　彼女が家に着いたとき、トムは部屋の掃除をしているところでした。

（ got / Tom / when / his / she / was / room / , / cleaning / home ）.

_____

（3）　トムに日本語を教えてもらえませんか。

（ teach / you / could / Japanese / Tom ）?

_____

動 teach
教える
・teach 人 物
人に 物 を教える

（4）　彼の財布の中にはいくらかお金が入っていました。

（ was / money / in / there / his / wallet / some ）.

_____

形 some
いくらかの

名 wallet
財布

（5）　雨だったので私たちは家にいました。

(home / it / because / we / at / were / rainy / was).

_____

副 at home
家に、で
・be at home
　家にいる

【5】　次の日本文を英文にしましょう。　　　　　（4点×5）

（1）　その辞書はいすの下にありました。

_____

（2）　英語で手紙を書いてもらえませんか。

_____

（3）　私は英語が簡単だと思いません。

_____

（4）　忙しいので、あなたを手伝うことはできません。

_____

（5）　机の上に二本のペンがありました。

_____

7. 義務や必要性 —— must / have to

> 私は宿題をしなければなりません。
> トムは部屋を掃除しなければなりません。

Q. 掃除をせずに遊んでいる掃除当番の生徒がいます。先生はどのように声をかけるでしょう。
（　　　）にあてはまる言葉は何ですか。

あなたは掃除をしなければ（　　　　　　　　）。

A. なりません／いけません

●「〜（し）なければなりません」は、義務・必要性を表します。

私は宿題をしなければなりません。
トムは部屋を掃除しなければなりません。
あなたは学校まで走らなければなりません。

> 「〜しなければなりません」は
> 「〜しなければいけません」
> とも言うね。

「〜（し）なければなりません」は、命令の「〜しなさい」に近い表現です。
「〜しなさい」は目の前にいる相手にしか使えませんが、「〜しなければなりません」は
主語がその場にいない人でも、自分でも使うことができます。

目の前の相手に対して
　○ 宿題をしなさい。
　○ 宿題をしなければなりません。

目の前にいない相手に対して
　× （彼女は）宿題をしなさい。
　○ 彼女は宿題をしなければなりません。

●日本語はある程度言葉を省略しても意味が伝わります。
「宿題をしなければ。」のように、「なりません」を言わなくても通じますね。

> **I must do my homework.**
> **Tom has to clean his room.**

★ 「〜(し)なければなりません」というように義務や必要性を表すとき、助動詞 must や have to を使います。

> 義務・命令：〈主語 + must + 動詞の原形〜.〉
> 義務・必要性：〈主語 + have to + 動詞の原形〜.〉

I must do my homework.
I have to do my homework.
　　　　　　　　　　私は宿題をしなければなりません。

Tom must clean his room.
Tom has to clean his room.
　　　　　　　　　　トムは部屋を掃除しなければなりません。
　　└▶ 主語が三人称単数なので、have が三人称単数現在形に変化

You must run to school.
You have to run to school.
　　　　　　　　　　あなたは学校まで走らなければなりません。

> must と have to はほとんど同じ意味だけど、must の方が have to より強い義務を表すよ。

☆ must は命令文と同じくらい強い義務・必要性を表します。
　そのため、主語が you の場合には命令文に書きかえることができます。

　　　You must do your homework.　宿題をしなければなりません。
　＝　Do your homework.　　　　　　宿題をしなさい。

主語が you 以外の場合は、命令文に書きかえることができません。
命令文は常に目の前にいる人「あなた」に対して使う表現だからです。

　　　She must do your homework.
　→「彼女」（目の前にいない相手）なので命令文に書きかえられません。

基本問題

【１】 日本文と同じ意味にするとき、（　　　）内の英語のうち正しいものを〇で囲みましょう。

（１） 私は毎日宿題をします。

I (do / must do / am doing) my homework every day.

（２） 私は宿題をしなければなりません。

I (do / must do / am doing) my homework.

（３） 彼はその部屋を毎日掃除します。

He (must clean / clean / cleans) the room every day.

（４） 彼はその部屋を掃除しなければなりません。

He (must clean / clean / cleans) the room.

（５） トムはギターを弾くことができます。

Tom (have to / has to / can / will) play the guitar.

（６） トムは毎日ギターを練習しなければなりません。

Tom (have to / has to / can / will) practice the guitar every day.

（７） 私たちは明日、英語を勉強します。

We (study / have to study / will study) English tomorrow.

（８） 私たちは英語を勉強しなければなりません。

We (study / have to study / will study) English.

動 do
する

名 homework
宿題
・do one's homework
　～の宿題をする

one's は
my, your, his
などの所有格を
表します。

【2】 日本文と同じ意味にするとき、(　　　　) 内の英語を並べかえて、正しい英文を作りましょう。文頭は大文字で書きましょう。

（1）　サチコは宿題をしなければなりません。

(do / must / her / Sachiko / homework).

_____

（2）　私は図書館に行かなければなりません。

(have / go / library / to / I / the / to).

_____

（3）　その少女たちはピアノを練習しなければなりません。

(piano / the / girls / practice / must / the).

_____

（4）　トムは日本語を勉強しなければなりません。

(Japanese / has / study / Tom / to).

_____

（5）　私たちはその部屋を掃除しなければなりません。

(have / we / the / clean / to / room).

_____

練習問題

【1】 次の英文には誤りがあります。誤りを直して日本文に合う英文に書きかえましょう。

（1） 私は毎日ピアノを練習しなければなりません。

I practice the piano every day.

_____

（2） 彼は毎週月曜日に図書館に行かなければなりません。

He have to go to the library on Mondays.

_____

（3） サチコはその部屋を掃除しなければなりません。

Sachiko has to cleans the room.

_____

（4） その少年たちはサッカーを練習しなければなりません。

The boys has to practice soccer.

_____

（5） トムは日本語を話さなければなりません。

Tom must speaks Japanese.

_____

名 Monday
月曜日
・on Mondays
　毎週月曜日に

【2】　次の日本文を英文にしましょう。

（１）　私たちは毎日宿題をしなければなりません。

_____

（２）　サチコは英語を勉強しなければなりません。

_____

（３）　私は毎週月曜日にピアノを練習しなければなりません。

_____

（４）　彼らは図書館に行かなければなりません。

_____

（５）　私の母は毎日料理しなければなりません。

_____

動 do
する

名 homework
宿題
・do one's homework
　〜の宿題をする

名 mother
母

動 cook
料理する

彼女を手伝う**必要はありません**。
彼女を手伝わ**なければなりませんか**。

Q. あなたはサチコの作業を手伝おうとしましたが、先生から次のように言われました。次の
（　　　　）にはどんな言葉があてはまりますか。
① サチコが自分一人でできるとき：彼女を手伝う（　　　　　　　　　　）。
② サチコ一人で取り組んでほしいとき：彼女を手伝っては（　　　　　　　）。

A. ① 必要はありません　　② なりません（いけません）

義務や必要性を表す「〜（し）なければなりません」は、「〜（する）必要があります」と言いかえられます。これらを打ち消すと、「〜（し）なくていいです」「〜（する）必要はありません」になります。

あなたは彼女を手伝わ<u>なければなりません</u>。　→　あなたは彼女を手伝わ<u>なくてもいいです</u>。
トムは日本語を話す<u>必要があります</u>。　→　トムが日本語を話す<u>必要はありません</u>。

「〜しなければなりません［義務・必要性］」と「〜しなさい［命令］」は近い意味ですが、否定文にすると、それぞれ「〜（する）必要はありません［不必要］」と「〜してはいけません［禁止］」となり、まったくちがう意味になります。

彼女を手伝う<u>必要はありません</u>。　→　義務・必要性がない ことを表す
彼女を手伝っ<u>てはいけません</u>。　→　　禁止　　　　を表す

```
                        ┌── 似た表現 ──┐
                        ▼              ▼
〈肯定文〉　〜しなければなりません［義務・必要性］　　〜しなさい［命令］
              │                                    │
              ▼                                    ▼
〈否定文〉　〜する必要はありません［不必要］　　　〜してはいけません［禁止］
              ▲                                    ▲
              └──── まったくちがう表現 ────┘
```

46

> **You** don't have to **help her.**
> **Must I help her?** / **Do I have to help her?**

★「〜しなくていいです」「〜する必要はありません」というように不必要であることを表すとき、〈do ＋ not（don't）＋ have to〉の形にして、否定文にします。

You ┃ don't have to ┃ help her.　あなたは彼女を手伝わなくてもいいです。
Tom ┃ doesn't have to ┃ speak Japanese.　トムが日本語を話す必要はありません。
　　　　┗➡ 時制や人称によって変化するので注意！

★ must と have to は肯定文では「〜しなければいけません」というように近い意味でしたが、否定文では意味が異なります。〈must not〉は「〜してはいけない」という禁止の意味になるので注意しましょう。

You ┃ don't have to ┃ help her.　➡　┃ 義務・必要性がない ┃ ことを表す
彼女を手伝う必要はありません。
You ┃ must not ┃ help her.　➡　┃ 禁止 ┃ を表す
彼女を手伝ってはいけません。

You must not help her.　➡　Don't help her.　と書きかえることができます。

★「〜しなければなりませんか」「〜する必要がありますか」というように、義務・必要性の有無をたずねるときは、〈Must ＋ 主語 ＋ 動詞の原形〜？〉〈Do ＋ 主語 ＋ have to〜？〉の形にして疑問文にします。
must の疑問文には〈Yes, 主語 ＋ must.〉〈No, 主語 ＋ don't ＋ have to.〉で、have to の疑問文には〈Yes, 主語 ＋ do.〉〈No, 主語 ＋ don't（＋ have to）.〉で答えます。

Must I help her? / Do I have to help her?　私は彼女を手伝わなければなりませんか。

— Yes, you must. / Yes, you do.　はい、手伝わなければなりません。
— No, you don't have to. / No, you don't（have to）.　いいえ、手伝う必要はありません。

must の疑問文に答えるとき、〈No, 主語 ＋ don't ＋ have to.〉の have to は省略できませんが、have to の疑問文に答えるときは、質問と重複しているので have to は省略できます。

基本問題

【1】 日本文と同じ意味にするとき、(　　　) 内の英語のうち正しいものを〇で囲みましょう。

（1） あなたは英語を話す必要はありません。

You (must not / haven't to / don't have to) speak English.

（2） あなたは英語を話さなければなりません。

You (must speak / have speak) English.

（3） あなたは日本語を話してはいけません。

You (must not / don't have to) speak Japanese.

（4） 彼はその部屋を掃除しなければなりませんか。

(Has he to / Does he have to) clean the room?

― いいえ、その必要はありません。

No, he (doesn't / hasn't / has not to).

（5） サチコは毎日宿題をしなければなりません。

Sachiko (have to / has to / must to) do her homework every day.

（6） 私たちはトムを手伝う必要はありません。

We (don't / must not / don't have to) help Tom.

（7） 私たちはトムを手伝ってはいけません。

We (don't / must not / don't have to) help Tom.

動 do
する

名 homework
宿題
・do one's homework
　～の宿題をする

【2】 日本文と同じ意味にするとき、（　　　）内の英語を並べかえて、正しい英文を作りましょう。文頭は大文字で書きましょう。

（1） 私はピアノを練習する必要はありません。

(the / don't / I / piano / to / have / practice).

_____

（2） ピアノを弾いてはいけません。

(must / you / piano / the / play / not).

_____

（3） トムは毎日数学を勉強しなければいけません。

(every / math / has / Tom / study / to / day).

名 math
数学

_____

（4） 英語を話さなければいけませんか。

(English / I / speak / do / to / have)？

_____

― いいえ、その必要はありません。

(you / no / , / don't).

_____

練習問題

【Ⅰ】 次の英文には誤りがあります。誤りを直して日本文に合う英文に書き
かえましょう。

（1） トムはギターを弾いてはいけません。

Tom doesn't have to play the guitar.

_____

（2） 彼は毎週日曜日に図書館に行かなければなりません。

He have to go to the library on Sundays.

_____

名 Sunday
日曜日
・on Sundays
　毎週日曜日に

（3） 私はその部屋を掃除する必要はありません。

I must not clean the room.

_____

（4） その少年たちはサッカーを練習しなければなりませんか。

Have the boys to practice soccer?

_____

— いいえ、その必要はありません。

No, they haven't.

_____

【2】次の日本文を英文にしましょう。

（１）　その生徒たちは毎日宿題をしなければなりません。

_____

（２）　サチコは英語を勉強する必要はありません。

_____

（３）　この部屋では、私たちは日本語を話してはいけません。

_____

（４）　私はトムを手伝わなければなりませんか。

_____

　　　　― いいえ、手伝う必要はありません。

_____

9. 動詞を名詞にする「こと」── to 不定詞の名詞的用法

英語を勉強することはおもしろいです。

Q. 下線部の指示語は何を指していますか。(　　　) に書きましょう。
① 英語を勉強します。それはおもしろいです。(　　　　　　　　　　　　)
② 新しい本を買います。彼はそれを望みます。(　　　　　　　　　　　　)

A. ① 英語を勉強すること　② 新しい本を買うこと

「それ」は前の文を指していますが、どんな内容かを答えるときは、文を名詞の形にして答えます。述語の動詞を「～(する)こと」という形にすると、名詞にすることができますね。

```
  動詞              名詞
勉強する  ＋  こと  ➡  勉強すること
 買う    ＋  こと  ➡   買うこと
```

●動詞を名詞にしたものが主語になる場合

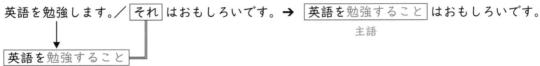

英語を勉強します。／ それ はおもしろいです。 ➡ 英語を勉強すること はおもしろいです。
　　　　　　　　　　　　　　　　　　　　　　　　　　　　　　　　主語
英語を勉強すること

●動詞を名詞にしたものが目的語になる場合

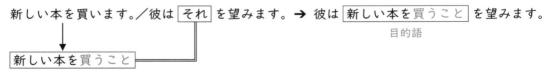

新しい本を買います。／彼は それ を望みます。 ➡ 彼は 新しい本を買うこと を望みます。
　　　　　　　　　　　　　　　　　　　　　　　　　　　　　　　目的語
新しい本を買うこと

「彼は新しい本を買うことを望みます。」は、「彼は新しい本を買いたがっています。」「彼は新しい本を買いたいと思っています。」とも言えます。日本語では「～すること」という表現を使わなくても、同じことを言い表すことができます。

To study English is interesting.

★「〜すること」というように動詞を名詞にするとき、英語では〈to ＋ 動詞の原形〉の形にします。この形を to 不定詞といいます。

☆ to 不定詞が主語になる場合

I study English.　私は英語を勉強します。 / | It | is interesting.　それはおもしろいです。

英語を勉強すること
| To study English |

→ | To study English | is interesting.　英語を勉強することはおもしろいです。

| It | is interesting | to study English |. と書くこともできます。

| it | = | to study English | なので、この it は「それ」とは訳しません。

☆「人が(にとって)〜すること」は〈for 人 ＋ to ＋ 動詞の原形〉にします。

英語を話すこと　→ to speak English

私が(にとって) 英語を話すこと　→ for me to speak English.

It is difficult for me to speak English.　私が(にとって)英語を話すことは難しいです。

☆〈It ＋ is ＋ 人の性質や人柄を表す形容詞 ＋ of 人 ＋ to ＋ 動詞の原形〜.〉

It is kind of you to help me.　私を助けてくれるなんてあなたは親切です。
　　人の性質

「to help me (私を助けてくれるなんて)」は、「kind (親切です)」と判断した理由なので、「〜すること」という意味ではありませんが、不定詞にはこのような使い方もあります。

☆ to 不定詞が目的語になる場合

He buys a new book.　彼は新しい本を買います。 / He wants | it |.　彼はそれを望みます。

新しい本を買うこと
| To buy a new book |

→ He wants | to buy a new book |.　彼は新しい本を買うことを望みます。

「買いたがっています」「サッカーをするのが好きです」というように、日本語訳によっては「〜すること」という表現がない場合もあります。その場合も「買うことを望みます」「サッカーをすることが好きです」というように「〜すること」を補って考え、to 不定詞を使いましょう。

基本問題

【１】 日本文と同じ意味にするとき、（　　　）内の英語のうち正しいものを◯で囲みましょう。

（１）　数学を勉強することはおもしろいです。

（ Study / To study ）math is interesting.

形 interesting
おもしろい、
興味深い

（２）　彼の夢は医者になることです。

His dream is (be / to be) a doctor.

名 dream
夢

（３）　私の趣味は読書です。

My hobby is (to read / read / reads) books.

名 hobby
趣味

動 read
読む

（４）　私はサッカーがしたいです。

I want (to play / play) soccer.

動 want
望む
・want to〜
　〜したい

（５）　彼はギターを弾くのが好きです。

He likes (play / to play / to plays) the guitar.

（６）　英語を話すのは難しいです。

It is difficult (to speak / speak / speaks) English.

形 difficult
難しい

（７）　サチコにとって英語を話すことは難しいです。

It is difficult (to / for / of) Sachiko to speak English.

（８）　彼女にとってピアノを弾くことは簡単です。

It is easy (her / for her / to her) to play the piano.

（９）　トムを助けてくれるなんて、サチコは親切です。

It is kind (Sachiko / for Sachiko / of Sachiko) to help Tom.

形 kind
親切な

【2】 日本文と同じ意味にするとき、（　　　）内の英語を並べかえて、正しい英文を作りましょう。文頭は大文字で書きましょう。

（1）　私はテニスをするのが好きです。

(to / like / I / tennis / play).

_____

（2）　私は医者になりたいです。

(a / be / I / to / want / doctor).

_____

（3）　本を読むことは大切です。

(is / read / important / to / books).

_____

形 important
大切な

（4）　私にとって英語を話すことは難しいです。

(difficult / for / speak / is / it / me / to / English).

_____

（5）　私を助けてくれるなんて、あなたは親切です。

(of / to / you / it / help / kind / is / me).

_____

練習問題

【1】 次の英文には誤りがあります。誤りを直して日本文に合う英文に書きかえましょう。

（1） 私はピアノを弾くのが好きです。

I like play the piano.

_____

（2） 彼女の夢は音楽家になることです。

Her dream is a musician.

名 musician
音楽家

_____

（3） サチコは新しいかばんを買いたがっています。

Sachiko wants to buys a new bag.

_____

（4） 私にとって英語を話すことは簡単です。

It is easy of me to speak English.

形 easy
簡単な

_____

（5） 彼を助けてくれるなんて、あなたは親切です。

It is kind for you to help him.

_____

【2】 次の日本文を英文にしましょう。

（1） 私はケーキが食べたいです。

名 cake
ケーキ

_____

（2） 英語を勉強することは大切です。

形 important
大切な

_____

（3） その少女たちはテニスをするのが好きです。

名 girl
少女

_____

（4） トムにとってギターを弾くことは簡単です。

_____

（5） その子どもたちがこの川で泳ぐのは危ないです。

形 dangerous
危険な

名 child
子ども
・複数形は children

動 swim
泳ぐ

名 river
川

_____

（2）（4）（5）英語は頭でっかちな主語を嫌うんだ。
It という仮の主語で主語を短くして、
本当の主語〈to＋動詞の原形（～すること）〉を
文の最後に持ってくるんだよ。

> 私にはやるべき**宿題**がたくさんあります。

Q.（　　　）にあてはまる言葉を[　　　　]から全て選びましょう。

　私には（　　　　　　　　）宿題がたくさんあります。

　　　ゆっくり　　難しい　　トム　　やるべき

A．難しい、やるべき

（　　　）には、「宿題」という名詞を修飾する言葉が入ります。形容詞の役割をする語があてはまりますね。

[形容詞の働き]　　[名詞]
難しい、やるべき　宿題

「やる」は動詞ですが、「～（する）ための、べき」という形にすると、形容詞の働きに変えることができます。

[修飾語]
●「やるべき　宿題」というように、日本語では修飾語が前に置かれます。

　「赤い車」「かわいい犬」と同じで、形容詞の働きをする言葉は、修飾される名詞の前に置かれますね。
　「やるべき宿題」は「やらないといけない宿題」「やらなければいけない宿題」とも言えます。

●「～ための」「～べき」を付けると動詞を形容詞の働きに変えることができますが、それ以外の表現の方が自然になることもあります。

I have a lot of homework to do.

★「～するための、べき」というように動詞を形容詞の働きにするとき、英語では〈to + 動詞の原形〉[to 不定詞] の形にします。

I have a lot of homework.　私には宿題がたくさんあります。
　　　　　　　　　　　　↑ to do 　やるべき

→ I have a lot of homework to do .　私にはやるべき宿題がたくさんあります。

He wants something.　彼は何かがほしいです。
　　　　　　　　↑ to drink 　飲むための

→ He wants something to drink .　彼は飲み物をほしがっています。

> 「飲むための何か」「飲むべき何か」という訳は不自然です。「飲み物」と訳した方が自然な日本語になります。

☆英語では形容詞が一語の場合は、「a red car」「a cute dog」のように修飾される名詞の前に置きます。しかし、形容詞の働きをする to 不定詞は、修飾される名詞の後に置きます。to 不定詞にすると、二語以上になるためです。修飾する言葉が複数からなる場合、英語では修飾される語の後に置かれます。

a picture to show you 　あなたに見せる（べき）写真

「あなたに見せるべき写真」は、「あなたに見せるための写真」「あなたに見せる写真」とも言えます。

日本語では動詞を形容詞の働きにするとき、様々な言い回しができますが、
英語では〈to + 動詞の原形〉のみです。
形容詞の働きをする to 不定詞を日本語に訳すとき、「～ための」「～べき」のうち、より自然な方を選びましょう。「～ための」「～べき」を付けない方が自然であれば、付けなくても構いません。

基本問題

【 I 】 日本文と同じ意味にするとき、（　　　　）内の英語のうち正しいものを○で囲みましょう。

（ I ） 私にはやるべきことがたくさんあります。

I have a lot of things (do / to do).

（２） 何か食べ物がほしいです。

I want something (eat / eating / to eat).

（３） サチコは電車の中で読むための本を買いました。

Sachiko bought a book (to read / read / reads) in the train.

（４） 何か書くもの（筆記用具）がほしいです。

I want something (writing / to write / to write with).

（５） 私は住むための家がほしいです。

I want a house (live in / to live / to live in).

（６） トムにはギターを練習する時間がありません。

Tom has no time (practice / to practice / to practices) the guitar.

・a lot of～
　たくさんの～

名 thing
こと、もの

代 something
何か

動 read
読む

名 train
電車

動 write
書く
・write with～
　～（ペンなど）で
　書く

動 live
住む
・live in～
　～に住む

> （４）「（筆記用具）で書く」write with～
> 　　　「ペンで書く」write with [a pen]
> 今回、a pen がわからないので something になり、
> something　to write with となるよ。
> ←┘
> 前置詞 with を忘れないようにしよう。
> （５）も同じ考え方だよ。

【２】 日本文と同じ意味にするとき、(　　　)内の英語を並べかえて、正しい英文を作りましょう。文頭は大文字で書きましょう。

名 homework
宿題

（１） 彼にはやるべき宿題がたくさんあります。

(has / a / homework / to / of / lot / do / he).

_____

（２） 私は読むための新しい本がほしいです。

(a / read / to / I / want / new / book).

_____

（３） 私は一緒に遊ぶ友達がたくさんいます。

(friends / play / I / with / have / to / many).

_____

（４） 何か飲み物がほしいです。

(want / drink / I / something / to).

_____

（５） その少年にはサッカーをする時間がありません。

(the / soccer / has / to / no / play / time / boy).

_____

練習問題

【1】 次の英文には誤りがあります。誤りを直して日本文に合う英文に書き
かえましょう。

（1） 私は読むべき本をたくさん持っています。

I have books many to read.

_____

（2） 彼女は食べ物をほしがっています。

She wants to something eat.

_____

（3） あなたに見せたい写真が何枚かあります。

I have some pictures show you.

_____

形 some
いくつかの、
二～三の

（4） トムにはやるべきことがたくさんあります。

Tom has a lot of to do things.

_____

（5） 一緒に話す友人がほしいです。

I want a friend to talk.

_____

動 talk
話す
・talk with～
　～（人）と話す

【2】 次の日本文を英文にしましょう。

（１） トムはあなたに見せるべき写真を何枚か持っています。

_____

（２） その少女は一緒に話す友達をほしがっています。

_____

（３） 私には今日やるべき宿題がたくさんあります。

_____

（４） 彼は飲み物をほしがっていました。

_____

（５） サチコにはピアノを練習する時間がありません。

_____

「homework（宿題）」は数えられない名詞だよ。
だから「たくさんの宿題」というとき、many は使えないんだ。
much は使えるけれど、a lot of の方が自然だよ。

11. 動詞を副詞にする「ために」── to 不定詞の副詞的用法

> 私はサッカーをするために公園に行きました。

Q.（　　　）にあてはまる言葉を[　　　]から全て選びましょう。

私は（　　　　　　　）公園に行きました。

> 「公園」という名詞を
> 修飾する語が入る場合も
> あるけど、今回の場合
> 「冷たい公園」となる
> ので変だね。

```
自転車で　冷たい　サッカーをするために　彼女
```

A．自転車で、サッカーをするために

（　　　）には、「行きました」という述語を修飾する言葉が入ります。

副詞の役割をする語があてはまりますね。

> 副詞の働き　　　　　　　　　　述語
> 自転車で、サッカーをするために　公園に　行きました。

「（サッカーを）する」は動詞ですが、「〜（する）ために」という形にすると、副詞の働きに変えることができます。

> 私は　公園に　行きました。
> サッカーをするために
>
> 「私は公園にサッカーをしに行きました。」とも言いかえられますね。

> 彼は　熱心に　勉強します。
> 医者になるために

```
「ための」と「ために」という言葉はどちらも目的の意味を持ちますが、助詞「の」は名詞
にかかる働きを、助詞「に」は述語にかかる働きをします。

読むための 本　　　　　　→　名詞を修飾 ＝ 形容詞的な役割

読むために（図書館へ）行く　→　述語を修飾 ＝ 副詞的な役割
```

「サッカーをするために私は公園に行きました。」「私は公園にサッカーをするために行きました。」
というように、日本語では語順を多少変えられますが、述語だけは必ず最後です。

I went to the park to play soccer.

★「～するために」というように動詞を副詞の働きにするとき、英語では〈to ＋ 動詞の原形〉[to 不定詞] の形にします。

I went to the park.　私は公園に行きました。

went の目的
to play soccer　サッカーをするために

→ I went to the park　to play soccer ．　私はサッカーをするために公園に行きました。

He studies hard.　彼は熱心に勉強します。

studies の目的
to be a doctor　医者になるために

→ He studies hard　to be a doctor ．　彼は医者になるために熱心に勉強します。

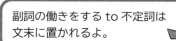

> 副詞の働きをする to 不定詞は
> 文末に置かれるよ。

「私は公園にサッカーをしに行きました。」というように、「～するために」という表現がない日本語訳もありますが、この場合も to 不定詞を使います。頭の中で「～するために」を補って考えましょう。

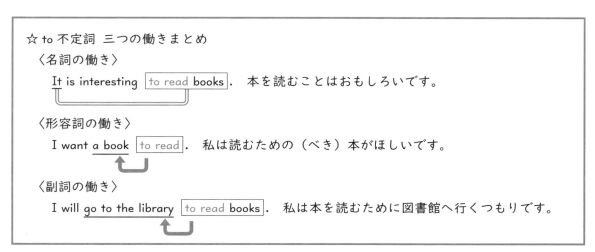

☆ to 不定詞 三つの働きまとめ

〈名詞の働き〉
It is interesting　to read books ．　本を読むことはおもしろいです。

〈形容詞の働き〉
I want a book　to read ．　私は読むための（べき）本がほしいです。

〈副詞の働き〉
I will go to the library　to read books ．　私は本を読むために図書館へ行くつもりです。

基本問題

【1】 日本文と同じ意味にするとき、（　　　）内の英語のうち正しいもの
を〇で囲みましょう。

（1） 私は本を読むために図書館に行きました。

I went to the library (reading / to read) books.

（2） サチコは海外旅行するために英語を熱心に勉強します。

Sachiko studies English hard (to travels / to travel)
abroad.

（3） 私は友人に会うために駅に行かなければいけません。

I have to go to the station (to meet / meet) my friend.

（4） トムは英語を教えるために日本に来ました。

Tom came to Japan (teaches / to teach) English.

（5） 私はその試合を見るために早起きしました。

I got up early (to watch / watching) the game.

（6） その少年はサッカーをするために公園に行きました。

The boy went to the park (to plays / to play) soccer.

（7） その生徒は先生になるために熱心に勉強します。

The student studies hard (to is / be / to be) a teacher.

（8） 私は英語を勉強するためにロンドンに行く予定です。

I'm going to go to London (to study / study) English.

動 went
go（行く）の
過去形

副 hard
熱心に

動 travel
旅行する

副 abroad
海外で（に）

動 came
come（来る）の
過去形

動 got up
get up（起きる）
の過去形

副 early
早く

【2】 日本文と同じ意味にするとき、（　　　　）内の英語を並べかえて、正しい英文を作りましょう。文頭は大文字で書きましょう。

（１）　彼は宿題をするために早起きしました。

(got / he / homework / to / up / early / do / his).

_____

（２）　トムは友人に会うために図書館に行く予定です。

(going / library / to / the / to / Tom / friend / meet / to / his / is / go).

_____

（３）　彼女はその試合を見るために公園に行きました。

(park / went / the / to / she / watch / game / the / to).

_____

（４）　メアリーは日本食を食べるために東京に来ました。

(food / Tokyo / to / came / Mary / Japanese / to / eat).

_____

（５）　私は医者になるために熱心に勉強しなければなりません。

(a / hard / must / I / be / to / doctor / study).

_____

練習問題

【1】 次の英文には誤りがあります。誤りを直して日本文に合う英文に書きかえましょう。

（1） トムはサチコに会うために東京に来ました。

Tom came to Tokyo meet Sachiko.

_____

（2） 私は本を読むために早起きしました。

I got up early reading a book.

_____

（3） 彼女は音楽を勉強するためにフランスに行く予定です。

She is going to studies music go to France.

_____

（4） その少女はピアニストになるために熱心にピアノを練習します。

The girl practices the piano hard and is a pianist.

_____

（5） テニスをするために公園に行かなければなりません。

I must go play tennis to the park.

_____

【2】 次の日本文を英文にしましょう。

（1） 彼は英語を勉強するために早起きします。

_____

（2） 私はトムに会うために公園に行かなければなりません。

_____

（3） サチコは日本語を教えるためにロンドンに行く予定です。

動 teach
教える

_____

（4） その生徒は医者になるために熱心に勉強しました。

_____

（5） 彼女は本を読むために図書館に行きました。

_____

A B C

12. 動詞を名詞にする「こと」── 動名詞／to 不定詞の使い分け

Studying **English is interesting.**

★「〜すること」というように動詞を名詞にするとき、英語では〈動詞 + ing〉の形にすること
もあります。これを動名詞といいます。

　　　　　　主語
　　　| To study English | is interesting.　　英語を勉強することはおもしろいです。
　=　| Studying English | is interesting.

> 〈動詞＋ing〉は現在進行形の〈be 動詞＋一般動詞 ing
> （〜しているところです）〉でも出てきたね。
> 今回は「〜すること」という意味だよ。

　　　　　　目的語
　　　I like | to play soccer |.　　私はサッカーをすることが好きです。
　=　I like | playing soccer |.

　上の例文のように、動名詞は主語になったり、動詞の目的語になったりします。

☆動詞の目的語となる場合は注意が必要です。動詞によって、動名詞を目的語に取るか、
　to 不定詞を目的語に取るかが決まっています。

① to 不定詞のみ目的語に取る動詞：want, hope など
　　○ I want to be a teacher.（不定詞）　私は先生になることを望みます。
　　× I want being a teacher.（動名詞）

② 動名詞のみ目的語に取る動詞： enjoy, finish など
　　○ He enjoyed watching TV.（動名詞）　彼はテレビを見ることを楽しみました。
　　× He enjoyed to watch TV.（不定詞）

③ to 不定詞と動名詞の両方を目的語に取る動詞： like, start など
　　○ I started to play tennis.（不定詞）
　　○ I started playing tennis.（動名詞）　私はテニスをし始めました。

☆ to 不定詞、動名詞のどちらを目的語に取る動詞なのかは、次の方法で見分けることができます。

> 未来のこと ➡ to 不定詞　　過去・現在のこと ➡ 動名詞

（例１）　want「～を望む」

➡ 望む内容は未来のことなので、to 不定詞を使います。

　　　　　　未来のこと
I want | to be a teacher |.

私は先生になることを望みます。

（例２）　enjoy「～を楽しむ」

➡ 楽しむのは過去・現在にし始めたことなので、動名詞を使います。

　　　　　過去・現在のこと
He enjoyed | watching TV |.

彼はテレビを見ることを楽しみました。

（例３）　start「～を始める」

➡ テニスをするのと始めるのは同時です。このような場合は、to 不定詞も動名詞も使うことができます。

　　　　start と同時
I start | to play tennis |.

I start | playing tennis |.

私はテニスをし始めました。

| To study English | is interesting. = | Studying English | is interesting.

この文は次のように書きかえることができます。

It is interesting | to study English |.

しかし、次のように書きかえることはできません。

× It is interesting | studying English |.

基本問題

【 | 】 日本文と同じ意味にするとき、（　　　）内の英語のうち正しいもの
　　を○で囲みましょう。

（ | ）　私は医者になりたいです。

　　I want (to be / being) a doctor.

（２）　トムはサッカーをすることを楽しみました。

　　Tom enjoyed (to play / playing) soccer.

（３）　本を読むことはおもしろいです。

　　(Read / Reading) books is interesting.

形 interesting
おもしろい、
興味深い

（４）　私にとって英語を話すことは難しいです。

　　It is difficult for me (speaking / to speak) English.

（５）　サチコはピアノを弾くのが好きです。

　　Sachiko likes (playing / plays) the piano.

（６）　私は宿題をやり終えました。

　　I finished (to do / doing) my homework.

（７）　その生徒はフランスに行くことを望んでいます。

　　The student hopes (to go / going) to France.

（８）　私の父はテレビを見始めました。

　　My father started (watched / watching) TV.

（９）　英語を習得するのは簡単です。

　　It is easy (mastering / to master) English.

動 master
習得する

練習問題

【Ⅰ】 次の日本文を英文にしましょう。

（１） トムは東京に来ることを望んでいます。

_____

（２） その少年は野球をするのが好きです。

名 baseball
野球

_____

（３） サチコはその試合を見るのを楽しみました。

名 game
試合

_____

（４） 彼女にとって日本語を勉強することはおもしろいです。

_____

（５） 私は昨日、その本を読み終えました。

_____

☆ want と hope のちがい
　〈want to〜〉と〈hope to〜〉は、どちらも「〜したい」という願望を表す表現ですが、
　次のようなちがいがあります。
　・want →「〜したい！」と直接的な欲求を表す（少し子どもっぽい表現ともいえます）
　・hope →「〜だといいなぁ」と実現性の高いことに対する期待を表す

点

【Ⅰ】 日本文と同じ意味にするとき、（　　　）内の英語のうち正しいもの
　　を〇で囲みましょう。　　　　　　　　　　　　（4点×10）

（1）　私はトムに会うために図書館に行きました。

　　　I went to the library (meeting / to meet) Tom.

（2）　私は一緒に話す友達がほしいです。

　　　I want a friend (talk / to talk / to talk with).

（3）　彼の夢は先生になることです。

　　　His dream is (be / to be) a teacher.

（4）　トムはテレビを見ることを楽しみました。

　　　Tom enjoyed (to watch / watching) TV.

（5）　彼はその車を洗わなければなりません。

　　　He (must wash / wash / washes) the car.

|動| wash
洗う

（6）　あなたはサチコを手伝ってはいけません。

　　　You (don't have to / must not) help Sachiko.

（7）　あなたはサチコを手伝う必要はありません。

　　　You (don't have to / must not) help Sachiko.

（8）　私はその本を読み終えました。

　　　I finished (to read / reading) the book.

（9）　私の父はロンドンに行くことを望んでいます。

　　　My father hopes (to go / going) to London.

|動| hope
望む

|代| something
何か

（10）　何か飲み物がほしいです。

　　　I want something (drink / drinking / to drink).

|動| drink
飲む

【2】 次の英文を（　　　　）の指示に従って書きかえましょう。（4点×3）

（1）　I have to study English every day.（主語を he に変えて）

＿＿＿＿＿＿＿＿＿＿＿＿＿＿＿＿＿＿＿＿＿＿＿＿＿＿＿

（2）　You close the door.（「～してはいけない」という意味に）

＿＿＿＿＿＿＿＿＿＿＿＿＿＿＿＿＿＿＿＿＿＿＿＿＿＿＿

動 close
閉める

（3）　You close the door.（「～する必要はない」という意味に）

＿＿＿＿＿＿＿＿＿＿＿＿＿＿＿＿＿＿＿＿＿＿＿＿＿＿＿

（2）「あなたはドアを閉めてはいけません。」
（3）「あなたはドアを閉める必要はありません。」
この二つの文は、大きく意味がちがうね。

【3】 日本文と同じ意味にするとき、（　　　）内の英語を並べかえて、正しい英文を作りましょう。文頭は大文字で書きましょう。　（4点×6）

（1）　彼女にとってフランス語を話すことは難しいです。

(difficult / for / speak / is / it / her / to / French).

_____

（2）　トムを助けてくれるなんて、サチコは親切です。

(of / to / Sachiko / it / help / kind / is / Tom).

_____

（3）　その少年にはギターを練習する時間がありません。

(the / guitar / has / to / no / practice / time / boy / the).

_____

（4）　私は先生になるために熱心に勉強しなければなりません。

(a / hard / must / I / be / to / teacher / study).

_____

副 hard
熱心に

（5）　何か食べ物がほしいです。

(to / want / eat / I / something).

_____

（6）　彼女はテニスをするために公園に行きました。

(park / went / the / to / she / play / tennis / to).

_____

【４】 次の日本文を英文にしましょう。　　　　　　　　（４点×６）

（１）　私は昼食を食べ終えました。

_____

（２）　サチコは音楽を勉強しにロンドンに行く予定です。

_____

（３）　その生徒は東京に来ることを望んでいます。

_____

（４）　彼はその部屋を掃除しなければなりません。

_____

（５）　彼はその部屋を掃除する必要はありません。

_____

（６）　私の母が車を運転するのは危ないです。

動 drive
運転する

形 dangerous
危険な

_____

A B C

13. 疑問文を名詞にする ── 疑問詞 to 不定詞

> どうやってそのコンピューターを使うかを私に教えてください。

Q. 波線の疑問文を（　　　　　）にあてはめるとき、どのように変えればよいでしょうか。

① 彼は（　　　　　　　　　　）わかりません。（<u>何を買いますか。</u>）

② （　　　　　　　　　　　　）を私に教えてください。

（<u>どうやってそのコンピューターを使いますか。</u>）

A. ① 彼は（何を買う（べき）か）わかりません。
　　② （どうやってそのコンピューターを使うか）を私に教えてください。

「彼は（彼女の住所が）わかりません。」「（電話番号を）教えてください。」などと同じく、（　　　）には名詞が入ります。波線の疑問文の形を変えて名詞にして（　　　）にあてはめることで、二つの文を一つにすることができます。

このようにしてできた文には、述語が二つ含まれています。

「わかりません」（述語１）の目的語

彼は 　|何を<u>買う</u>（べき）か|　 わかりません。
　　　　　　　述語２　　　　　　　　　述語１

「教えてください」（述語１）の目的語

|どうやってそのコンピュータを<u>使う</u>か|　を私に　<u>教えてください</u>。
　　　　　　　　　述語２　　　　　　　　　　　　　述語１

┗▶「そのコンピューターをどうやって使うか」、「そのコンピューターの使い方」とも言えます。

「何を買う（べき）か」「どうやってそのコンピューターを使うか」は、かたまりとなって名詞の役割をし、それぞれ |「わかりません」「教えてください」（述語１）の目的語| になっています。

「わかりません」（述語１）の目的語

　|何を<u>買う</u>（べき）か|　　彼は わかりません。
　　　　述語２　　　　　　　　　　　述語１

というように、語順を入れかえることもできます。

|名詞のかたまり| をバラバラにすることはできず、述語１は必ず文末に置きます。
それ以外の語順は日本語の場合、比較的自由です。

Please show me how to use the computer.

★〈疑問詞 + to + 動詞の原形〉にすると、疑問詞を含む疑問文を名詞のかたまりに変えることができます。〈to + 動詞の原形〉なので、to 不定詞の仲間です。

このような名詞のかたまりは文の中に組み込むことができます。

☆次の文では、名詞のかたまり がそれぞれ動詞の目的語になっています。

He doesn't know what to buy . 彼は何を買う（べき）かわかりません。

Please show me how to use the computer .
どうやってそのコンピューターを使うかを私に教えてください。

> 二つ以上の語が集まって、一つの品詞のような働きをするものを句というんだ。
> 〈疑問詞 + to + 動詞の原形〉は、名詞の働きをするので名詞句だよ。

☆〈疑問詞 + to + 動詞の原形〉の表現

when to	いつ〜するか、すべきか
where to	どこで〜するか、すべきか
what to	何を〜するか、すべきか
how to	どのように〜するか、すべきか（〜の仕方、方法）

I don't know when to leave . 私はいつ出発すべきかわかりません。

Please tell me where to go . どこに行くべきかを私に教えてください。

基本問題

【 I 】 日本文と同じ意味にするとき、（　　　）内の英語のうち正しいもの
を〇で囲みましょう。

（1）　私はこのコンピューターの使い方がわかりません。

　　I don't know (how do you use / how to use) this computer.

（2）　何を買うべきか教えてください。

　　Please tell me (what buy / what to buy).

（3）　いつ出発すべきか知っていますか。

　　Do you know (when to leave / when do you leave)?

動 leave
出発する

（4）　トムはどこでサッカーをしたらよいかわかりません。

　　Tom doesn't know (where plays / where to play) soccer.

（5）　どこに行くべきか教えてください。

　　Please tell me (where to go / where go).

（6）　私たちはトムに東京で何を見たらよいかを教えました。

　　We told Tom (what does he see / what to see) in Tokyo.

（7）　彼にいつ電話したらよいかわかりません。

　　I don't know (when to call / when do you call) him.

動 call
電話する

（8）　そのゲームのやり方を教えてください。

　　Please show me (how to play / how playing) the game.

【2】 日本文と同じ意味にするとき、（　　　）内の英語を並べかえて、正しい英文を作りましょう。文頭は大文字で書きましょう。

（１）　このゲームのやり方がわかりません。

（ game / don't / how / I / know / to / play / this ）.

_____

（２）　サチコはいつ出発すべきかわかりませんでした。

（ didn't / leave / to / when / Sachiko / know ）.

_____

（３）　どこでテニスをしたらよいか知っていますか。

（ tennis / play / do / to / you / know / where ）?

_____

（４）　何をすべきか教えてください。

（ do / please / what / tell / me / to ）.

_____

動 do
する

（５）　トムは私にロンドンで何を見たらよいかを教えてくれました。

（ in / see / Tom / me / told / what / to / London ）.

_____

動 told
tell（言う）の
過去形

練習問題

【1】 次の英文には誤りがあります。誤りを直して日本文に合う英文に書きかえましょう。

（1） 彼女にいつ電話したらよいか教えてください。

Please tell me when do you call her.

_____

（2） このコンピューターの使い方を知っていますか。

Do you know how this computer use?

_____

（3） トムは何をすべきかわかりませんでした。

What Tom didn't know to do.

_____

（4） どこで野球をすべきかわかりません。

I don't know where play baseball.

_____

（5） フランスで何を見るべきか教えてください。

In France what see please tell me.

_____

【2】 次の日本文を英文にしましょう。

（１） このゲームのやり方を知っていますか。

_____

（２） 東京で何を買うべきか教えてください。

_____

（３） トムはどこでテニスをしたらよいかわかりませんでした。

_____

（４） 私の父は私にロンドンで何を見たらよいか教えてくれました。

_____

（５） いつ出発すべきかわかりません。

_____

tell と show はどちらも「教える」という意味だね。
　tell → 口頭で伝える
　show → 実際にやって見せる
というちがいがあるよ。

> サチコとメアリーは同じくらいの身長です。
> トムはサチコより背が高いです。

Q. イラストを見て（　　　　）にあてはまる言葉を ┌ ─ ─ ─ ┐ から選びましょう。

トム　　サチコ　　メアリー

① サチコとメアリーは
　（　　　　　　　　　）です。
② トムはサチコより（　　　　　）です。

┌ ─ ─ ─ ─ ─ ─ ─ ─ ─ ─ ─ ┐
　同じくらいの身長
　背が高い　　一番背が高い
└ ─ ─ ─ ─ ─ ─ ─ ─ ─ ─ ─ ┘

A. ① 同じくらいの身長　　② 背が高い

---

① 二つを比べて程度が同じとき、「同じくらい○○」といいます。

サチコとメアリーは同じくらいの身長です。
＝ サチコとメアリーは同じくらい背が高い／背が低いです。

日本語では「サチコはメアリーと」というように一人を主語にすることも、「サチコとメアリーは」というように二人を主語にすることもできます。

② 二つを比べて程度が異なるとき、「～ほど○○ではない」「～より（の方が）○○」などといいます。

サチコはトムほど背が高くありません。

┌ ─ ─ ─ ─ ─ ─ ─ ─ ─ ─ ─ ─ ─ ─ ─ ─ ┐
│ どちらの文も、身長は トム＞サチコ ですね。 │
└ ─ ─ ─ ─ ─ ─ ─ ─ ─ ─ ─ ─ ─ ─ ─ ─ ┘

　トムはサチコより背が高いです。
＝ サチコはトムより背が低いです。

> Sachiko is as tall as Mary.
> Tom is taller than Sachiko.

★二つを比べて「同じくらい〇〇」というとき、〈as ＋ 形容詞 / 副詞の原級 ＋ as〜〉を使います。
これを同級比較といいます。原級とは、比較級や最上級のように -er や -est が付かない
形容詞 / 副詞の元の形のことです。

Sachiko is as tall as Mary.　サチコはメアリーと同じくらい背が高いです。
Sachiko is as short as Mary.　サチコはメアリーと同じくらい背が低いです。

このとき、日本語のように主語を「Sachiko and Mary」にはできません。
〈as ＋ 形容詞 / 副詞の原形 ＋ as〉の後に、比較対象を置きます。

☆比較するものが、形容詞＋名詞 のようにひとかたまりになっている場合、
〈as ＋ 形容詞＋名詞 ＋ as〉となります。

Taro has as many books as Jiro.　太郎は次郎と同じくらい多くの本を持っています。
× Taro has as many as books Jiro. とはならないので注意しましょう。

★同級比較を否定文にすると、〈not ＋ as ＋ 形容詞 / 副詞の原級 ＋ as〜〉となり、「〜ほど〇〇
ではない」という意味になります。

Sachiko is not as tall as Tom.　サチコはトムほど背が高くありません。

★二つを比べて「〜より〇〇」というとき、〈形容詞 / 副詞の比較級 ＋ than〜〉を使います。
比較級では、形容詞・副詞に -er を付けます。than の後に比較対象を置きます。

Tom is taller than Sachiko.　トムはサチコより背が高いです。
＝ Sachiko is shorter than Tom.　サチコはトムより背が低いです。

英語で二人、二つのものを比較するとき、同級比較の場合は形容詞・副詞の原級を使いますが、
比較級の場合は taller, shorter というように形が変わります。

> 比較級はふつう、形容詞・副詞に-er を
> 付けるけど、例外の変化もあるよ。
> p. 141 をチェックだ！

基本問題

【1】 日本文と同じ意味にするとき、(　　　) 内の英語を並べかえて、正しい英文を作りましょう。文頭は大文字で書きましょう。

(1) トムは太郎と同じくらい背が高いです。

(as / Taro / tall / is / Tom / as).

_____

形 tall
背が高い

(2) トムは太郎と同じくらい速く走れます。

(fast / as / run / as/ Tom / can / Taro).

_____

副 fast
速く

(3) トムは太郎より速く泳げます。

(Taro / faster / swim / Tom / than / can).

_____

(4) 私はあなたほど英語を上手に話せません。

(can't / well / as / speak / English / you / as / I).

_____

副 well
上手に

(5) サチコはメアリーより若いです。

(Mary / than / is / Sachiko / younger).

_____

形 young
若い

86

練習問題

【１】 次の日本文を英文にしましょう。

（１） トムは太郎と同じくらい若いです。

_____

（２） その少年は太郎と同じくらい速く泳げます。

_____

（３） 私はあなたより背が高いです。

_____

（４） その生徒はメアリーほど背が高くありません。

_____

（５） 私はトムより速く走れます。

_____

トムは三人の中で一番背が高いです。

Q. イラストを見て（　　　　）にあてはまる言葉を [_____] から選びましょう。

ケン　　トム　　サチコ

① トムは三人の中で（　　　　　　）です。
② サチコは三人の中で（　　　　　　）です。

┌─────────────────────────┐
同じくらいの身長　　一番背が低い
背が低い　　　　　　一番背が高い
└─────────────────────────┘

A. ① 一番背が高い　　② 一番背が低い

三つ以上を比べて最も程度が高いことを表すとき、「（～の中で）一番○○」といいます。

　トムは三人の中で一番背が高いです。

　サチコは三人の中で一番背が低いです。

　トムは私たちのクラスの中で走るのが一番速いです。

「一番○○」は「最も○○」ということもできますね。

●日本語で三人、三つ以上の物を比べるとき、「一番速い」「最も高い」というように、「速い」「高い」という表現自体は変わりません。
　日本語の場合、「一番○○」、「最も○○」という修飾語で、程度を比べていることがわかります。

Tom is the tallest of the three.

★三つ以上を比べて「一番○○」というとき、〈the + 形容詞 / 副詞の最上級〉を使います。

最上級では、形容詞・副詞に -est を付けます。

Tom is the tallest of the three.　トムは三人の中で一番背が高いです。

Sachiko is the shortest of the three.　サチコは三人の中で一番背が低いです。

☆副詞の最上級の場合は、the を省略することができます。

Tom runs (the) fastest in our class.　トムは私たちのクラスの中で走るのが一番速いです。

> 最上級も例外的な変化があるよ。
> p. 141 をチェックしよう！

☆最上級「〜の中で（一番）」というときの in と of の使い分け

① in は国名、the world（世界）、family（家族）、class（クラス）など、
場所や範囲を表す単語（基本的に単数名詞）に使います。

I am the youngest in my family.　私が家族で一番若いです。

Tom runs (the) fastest in our class.　トムは私たちのクラスの中で一番走るのが速いです。

② of は the + 数（複数）、all（全て）、all + 複数名詞とともに使います。

I like English (the) best of all the subjects.　私は全ての教科の中で英語が一番好きです。

us, you, them などの代名詞とともに all を使うとき、〈of + 代名詞 + all〉という語順に
なるので注意しましょう。

Sachiko can swim (the) fastest of us all.

サチコは私たち全員の中で一番速く泳ぐことができます。

☆複数のものを比べるとき、日本語では「速い」「高い」などの表現は変わりません。

しかし英語では、tall – taller – tallest, fast – faster – fastest というように、形容詞や副詞の形
が変化します。

基本問題

【１】 日本文と同じ意味にするとき、（　　　　）内の英語を並べかえて、正しい英文を作りましょう。文頭は大文字で書きましょう。

（１）　トムは私たちのクラスの中で一番背が高いです。

（ the / in / tallest / is / class / Tom / our ）.

_____

（２）　太郎は三人の中で一番速く泳げます。

（ fastest / of / the / swim / three / can / Taro ）.

_____

（３）　サチコが五人の中で一番若いです。

（ five / the / Sachiko / youngest / is / of / the ）.

_____

（４）　彼は全ての教科の中で数学が一番好きです。

（ likes / the / all / he / subjects / of / best / math / the ）.

_____

形 tall
背が高い

副 fast
速い

・of the three
三人（つ）の中で
（一番）
※〈of the 数字〉

形 young
若い

名 math
数学

名 subject
教科

> 副詞の最上級の場合は、the を省略することができたね。
> 形容詞の最上級の場合は、必ず the が必要になるので注意しよう。

練習問題

【1】 次の日本文を英文にしましょう。

（1） 私の父が家族の中で一番年上です。

形 old
年を取った

_____

（2） その少年は三人の中で一番速く泳げます。

_____

（3） 私たちのクラスの中でサチコが一番背が低いです。

形 short
背が低い

名 class
クラス

_____

（4） サチコは私たち全員の中で一番上手に英語が話せます。

_____

（5） 富士山は日本で一番高いです。

名 Mt. Fuji
富士山

形 high
（山や建物などが）
高い

_____

well/good の最上級は
best だよ。

91

16. 受け身の文 —— 受動態

日本では日本語が話されます。

Q．次の二つの文を同じ意味にするとき、（　　　）にあてはまる言葉は何でしょうか。

私のネコがお皿を割りました。➜ お皿は私のネコによって（　　　　　　）。

A．割られました

話題の中心が「私のネコ」の場合

私のネコは お皿を 割りました。

話題の中心が「お皿」の場合

お皿は 私のネコによって 割られました。

主語、すなわち話題の中心によって、動詞の形が変わります。

動作の受け手を主語にすると、「～れる／られる」という受け身の表現になります。

・だれがやったかがわからない場合、「だれかに」を省略することもできます。

だれかが 私の財布を 盗んだ。➜ 私の財布が（だれかに）盗まれました。

・主語を言わなくても通じるとき、日本語では省略されます。受け身の表現にするときも、動作の行為者「～によって」は省略されます。

日本では（人々は）日本語を 話します。

➜ 日本では（人々によって）日本語が 話されます。

●「春には山に登れる。」「先生が話される。」など、「～れる／られる」は可能や尊敬の意味になることもあります。日本語では、「～れる／られる」だからといって、いつも受け身の表現とは限りません。

Japanese is spoken in Japan.

★「〜れる／られる」という受け身の表現を受動態といいます。

〈主語 ＋ be 動詞 ＋ 動詞の過去分詞〜.〉の形にします。

「（人・物）によって」というように、動作の行為者を表す場合は by を使います。

My cat broke the dish.　私のネコはお皿を割りました。

➡ The dish was broken by my cat .　お皿は私のネコによって割られました。

┗━➤ be 動詞は主語・時制によって変化します。

☆英語でも日本語と同じように、 だれがやったか がわからないとき、「by someone（だれかによって）」は省略されることが多いです。

Someone stole my wallet.　だれかが私の財布を盗みました。

➡ My wallet was stolen (by someone).　私の財布が（だれかに）盗まれました。

☆日本語では言わなくても通じる主語は省略できますが、英文には必ず主語が必要です。

例えば「日本では（人々は）日本語を話します。」という文は、日本語では「人々は」を省略できますが、英語では必ず動作の行為者 people を主語にした文になります。

People speak Japanese in Japan.　日本では人々は日本語を話します。

これを受動態にすると、Japanese が主語になり、動作の行為者 by people はいわなくても通じるため省略できます。

Japanese is spoken (by people) in Japan.　日本では日本語が話されます。

・「〜に知られている」は、〈be 動詞 ＋ known to〜〉で表します。

　The singer is known to many people.　その歌手は多くの人に知られています。

・「〜に覆われている」は、〈be 動詞 ＋ covered with〜〉で表します。

　The mountain is covered with snow.　その山は雪で覆われています。

☆日本語の「〜れる／られる」は受け身以外の意味もありますが、英語の〈be 動詞＋過去分詞〉はいつも受け身の意味になります。

基本問題

【1】 日本文と同じ意味にするとき、（　　　　）内の英語のうち正しいもの
を○で囲みましょう。

（1）　その少年たちは窓を割りました。

The boys (break / broke / was broken) the window.

（2）　窓はその少年たちに割られました。

The window (break / broke / was broken) by the boys.

（3）　私の犬がそのグラスを割りました。

My dog (breaks / broke / was broken) the glass.

（4）　そのグラスは私の犬に割られました。

The glass (breaks / broke / was broken) by my dog.

（5）　彼の財布は盗まれました。

His wallet (stole / is stolen / was stolen).

（6）　日本では日本語が話されます。

Japanese (speaks / is spoken / are spoken) in Japan.

（7）　その図書館は、昨年建ちました。

The library (built / is built / was built) last year.

動 break
壊す、割る
・過去形　broke
・過去分詞 broken

動 steal
盗む
・過去形　stole
・過去分詞 stolen

名 wallet
財布

動 build
建てる
・過去形　built
・過去分詞 built

「図書館が建った。」＝「図書館が建てられた（受け身）」だね。
（人々は）図書館を建てた。→ 図書館は（人々によって）建てられた。

94

【2】 日本文と同じ意味にするとき、（　　　　）内の英語を並べかえて、正しい英文を作りましょう。文頭は大文字で書きましょう。

（１） そのコンピューターはメアリーに使われます。

(is / by / the / used / Mary / computer).

_____

（２） 昨日、彼女のかばんが盗まれました。

(her / stolen / yesterday / was / bag).

_____

（３） 来年、学校が建つ予定です。

(be / a / next / will / built / school / year).

・next year
　来年

_____

（４） そのサッカー選手は多くの人に知られています。

(known / many / is / soccer / people / to / player / the).

動 know
知る
・過去形　knew
・過去分詞 known

_____

受動態の現在形：〈am/are/is + 過去分詞〉
→未来形は〈will + be + 過去分詞〉

「～に知られている」は〈be 動詞 + known to～〉だね。
by ではなく to なので気を付けよう。

練習問題

【Ⅰ】 次の英文には誤りがあります。誤りを直して日本文に合う英文に書きかえましょう。

（１） このお皿はサチコに割られました。

This dish broken by Sachiko.

_____

（２） このコンピューターはトムに使われる予定です。

This computer will use by Tom.

_____

（３） この図書館は先月建ちました。

This library is built last month.

_____

・last month
先月

（４） そのドアは太郎が閉めました。

The door closed by Taro.

_____

動 close
閉める

（５） カナダでは英語とフランス語が話されます。

English and French is spoken in Canada.

_____

【2】 次の日本文を英文にしましょう。

（1） そのテニス選手は多くの人に知られています。

_____

（2） 富士山は雪に覆われています。

名 Mt. Fuji
富士山

_____

（3） フランスではフランス語が話されます。

_____

（4） 先月、私の自転車が盗まれました。

名 bicycle
（= bike）
自転車

_____

（5） その星は夜に見られます。

_____

┌───┐
│ 特定の人ではなく「世間一般の人々」を表すとき、we, you, they などを │
│ 使います。   │
│   we：話し手（自分）を含む人々一般。   │
│   you：聞き手を含む人々一般。   │
│   they：話し手と聞き手を含まない人々一般。   │
└───┘

規則変化動詞の過去分詞は過去形と同じだよ。
不規則変化動詞の過去分詞は p. 140 で調べよう。

> **French is not spoken in Japan.**
> **Is Japanese spoken in Japan?**

★受動態を否定文にするには、〈主語 + be動詞 + not + 過去分詞〜.〉にします。

French is not spoken in Japan.　日本ではフランス語は話されません。

★受動態を疑問文にするには、〈be動詞 + 主語 + 過去分詞〜?〉にします。
この疑問文には、〈Yes, 主語 + be動詞.〉あるいは〈No, 主語 + be動詞 + not.〉で答えます。

Is Japanese spoken in Japan?　日本では日本語が話されますか。

— Yes, it is.　はい、そうです。
— No, it is not.　いいえ、ちがいます。

☆受動態を使うのは、だれがやったかわからないとき、だれがやったかは重要でないときです。

My money was stolen.　私のお金が盗まれました。
➡ だれがやったかわからない

The library was built last year.　その図書館は昨年建てられました。
➡ だれがやったかは重要でない

「私のお金が盗まれました。」「その図書館は昨年建てられました。」という受動態の表現は、日本語でも使われる自然な言い方ですね。

☆「私は先生にしかられました。」も日本語では自然な表現です。
しかし英語では、通常 "I was scolded by my teacher.　私は先生にしかられました。" という受動態にはしません。
だれがしかったかがはっきりしているため、以下のように能動態で表します。

My teacher scolded me.　先生が私をしかりました。

> だれがやったかわかっていても、動作の受け手を話題の中心にしたいときは、英語でも受動態を使うよ。

基本問題

【Ⅰ】 日本語と同じ意味にするとき、（　　　）内の英語のうち正しいものを〇で囲みましょう。

（１）　その少年たちは窓を壊しませんでした。

The boys (aren't break / weren't broken / didn't break) the window.

動 break
壊す
・過去形　broke
・過去分詞 broken

（２）　その窓は少年たちに壊されませんでした。

The window (didn't break / wasn't broken / weren't broken) by the boys.

（３）　私の犬はそのグラスを割りませんでした。

My dog (didn't break / wasn't broken / not broken) the glass.

（４）　そのグラスは私の犬に割られませんでした。

The glass (not broken / wasn't broken / didn't broken) by my dog.

（５）　彼の自転車は盗まれませんでした。

His bike (was not stolen / does not steal / not stolen).

動 steal
盗む
・過去形　stole
・過去分詞 stolen

（６）　カナダでは英語が話されますか。

(Does English speak / Do English spoken / Is English spoken) in Canada ?

— はい、話されます。

Yes, (they do / it is / it does).

【2】 日本文と同じ意味にするとき、(   )内の英語を並べかえて、正しい英文を作りましょう。文頭は大文字で書きましょう。

（1） そのコンピューターはメアリーに使われません。

(not / is / by / the / used / Mary / computer).

_____

（2） カナダでは日本語は話されません。

(in / Japanese / not / spoken / is / Canada).

_____

（3） その窓はサチコによって閉められませんでした。

(Sachiko / window / by / the / closed / wasn't).

_____

（4） そのサッカー選手は多くの人に知られていますか。

(known / many / is / soccer / people / to / player / the)？

_____

― はい、知られています。

(he / is / , / yes).

_____

練習問題

【1】 次の日本文を英文にしましょう。

（1） このケーキは私の母によって作られませんでした。

_____

名 wallet
財布

（2） 私の財布は盗まれませんでした。

_____

動 build
建てる
・過去形　built
・過去分詞 built

（3） 図書館が建てられる予定はありません。

_____

（4） フランスではフランス語が話されますか。

_____

― はい、話されます。

_____

☆「私は財布を盗まれました。」を "I was stolen my wallet." と訳すのは間違いです。
英語の受動態では、動詞の目的語（my wallet）が主語になります。

　　Someone stole my wallet .　だれかが私の財布を盗みました。
➡ My wallet was stolen (by someone).　私の財布は（だれかに）盗まれました。

日本語で「私は〜されました。」だからといって、英語でも "I was〜." になるとは
限らないので、注意しましょう。

まとめのテスト③

【 I 】 日本文と同じ意味にするとき、（　　　）内の英語のうち正しいもの
　　　を○で囲みましょう。　　　　　　　　　　　　　　（3点×8）

（1）　私たちはどこに行くべきかわかりませんでした。

　　　We didn't know (where to go / where go).

（2）　トムは彼女にロンドンで何を見たらよいかを教えました。

　　　Tom told her (what does she see / what to see) in
　　　London.

（3）　そのゲームのやり方を教えてもらえますか。

　　　Can you show me (how to play / how playing) the game？

（4）　メアリーは私たちのクラスの中で一番背が高いです。

　　　Mary is (the taller / the tallest) in our class.

（5）　その少年は太郎と同じくらい背が高いです。

　　　The boy is (as tall as / tall as / taller than) Taro.

（6）　私が五人の中で一番若いです。

　　　I am the youngest (in / of / on) the five.

形 young
若い

（7）　私のネコは皿を割りました。

　　　My cat (break / broke / was broken) the dish.

名 dish
皿

（8）　皿は私のネコに割られました。

　　　The dish (break / broke / was broken) by my cat.

動 break
壊す、割る
・過去形　　broke
・過去分詞 broken

【2】　次の疑問文に対する答えとして正しいものを［＿＿＿］から選び、記号
　　　で答えましょう。　　　　　　　　　　　　　　　　　（3点×6）

（1）　Is English spoken in Canada？　　　　　　　　[　　　]

（2）　Do they speak French in France？　　　　　　[　　　]

（3）　Could you open the window？　　　　　　　　[　　　]

（4）　Is the tennis player known to many people？　[　　　]

（5）　Will you go to the library tomorrow？　　　　[　　　]

（6）　Do I have to help Tom？　　　　　　　　　　[　　　]

```
ア　Yes, they do.
イ　No, you don't.
ウ　Sure.
エ　Yes, it is.
オ　No, I won't.
カ　Yes, she is.
```

副 sure
もちろん

【3】　次の英文を（　　　）の指示に従って書きかえましょう。

（1）　Tom uses the computer.（主語を the computer に変えて）（4点）

_____

（2）　The library is built.（文末に next year を付けて）　　（4点）

_____

（3）　My dog didn't break the door.（主語を the door に変えて）（5点）

_____

（4）　Many people know the singer.（主語を the singer に変えて）（5点）

名 singer
歌手

_____

【4】　日本文と同じ意味にするとき、（　　　）内の英語を並べかえて、正しい英文を作りましょう。文頭は大文字で書きましょう。　（4点×5）

（1）　その少年はいつ出発すべきかわかりませんでした。
（ didn't / leave / to / when / the / know / boy ）.

動 leave
出発する

_____

（2）　どこでサッカーをしたらよいか知っていますか。
（ soccer / play / do / to / you / know / where ）?

_____

（3）　メアリーはトムほど日本語を上手に話せません。
（ can't / well / as / speak / Japanese / Tom / as / Mary ）.

_____

（4）　その生徒は全ての教科の中で英語が一番好きです。
（ likes / the / all / of / subjects / the / best / English / student / the ）.

名 subject
教科

_____

104

（５）　彼女は太郎と同じくらい速く泳げます。

（ fast / as / swim / as / she / can / Taro ）.

_____

【５】　次の日本文を英文にしましょう。　　　　　　　　（４点×５）

（１）　その少女はサチコほど背が高くありません。

_____

形 tall
（背が）高い

（２）　トムとサチコは同じくらいの身長です。

_____

（３）　その山は雪に覆われています。

_____

名 mountain
山

（４）　私は三人の中で一番年上です。

_____

形 old
年を取った

・of the three
　三人（つ）の中で
　（一番）
　※〈of the 数字〉

（５）　フランスで何をすべきか教えてください。

_____

A B C

18. ～に見える／～になる ── look / become

それはおいしそうです。
トムは医者になりました。

Q1.（　　　　）にあてはまる言葉を考えましょう。
　目の前に料理が運ばれてきました。肉汁があふれ、いいにおいがします。
　あなたは思わず「おいし（　　　　）ですね。」と言いました。

<u>　　　　　　　　　　　　　　　　　　　　A. そう　　　　　</u>

まだ料理を食べていないので「おいしいですね。」と断言するのはおかしいですね。
肉汁がじゅわっとあふれている「見た目」で判断したので、「それはおいしそうですね。」となります。

　その岩は山のように見えます。／その岩は山みたいです。

「～そう」だけでなく、「～みたい」「～に見える」という表現も、見た目で判断したことを表せますね。

Q2.（　　　　）にあてはまる言葉を考えましょう。
　①［薬を飲んだ。だから］すぐに元気に（　　　　　　　）でしょう。
　②［トムは熱心に勉強した。だから］医者に（　　　　　　）ました。

<u>　　　　　　　　　　　A. ①なる　　②なり（なれ）　</u>

「元気だ」「医者だ」は現在の状態を表します。過去から何か変化があって、今の状態に至ったことを、述語「～になる」で表します。

　あなたはすぐに元気になるでしょう。
　トムは医者になりました。

元気になるのにかかるのが数日でも、医者になるのにかかるのが十年でも、どちらも「元気になる」「医者になる」です。

> **It looks delicious.**
> **Tom became a doctor.**

★「〜そう」「〜に見える」というとき、〈look + 形容詞〉、〈look like + 名詞〉を使います。

It looks delicious .　それはおいしそうです。
　　　　　形容詞

The rock looks like a mountain .　その岩は山のように見えます。
　　　　　　　　　　名詞

> 見た目ではなく聞いたことで判断するとき、
> sound「〜に聞こえる」を使うよ。
> It sounds good! それは良さそうだね！

★「〜になる」というように変化を表すときは get や become を使います。
get は〈get + 形容詞〉の形で、become は〈become + 形容詞〉、〈become + 名詞〉の形で
使います。

You will get well soon.　あなたはすぐに元気になるでしょう。
　　　　　　形容詞

Tom became a doctor .　トムは医者になりました。
　　　　　　名詞

She became famous .　彼女は有名になりました。
　　　　　　形容詞

> 〈get + 名詞〉だと、「〜を得る」
> という意味になるよ。

☆ get と become のちがい

　get は短い時間での変化、become は時間をかけた変化を表します。

　　You will get well soon.　変化するのに数日しかかからない → get

　　Tom became a doctor.　変化するのに十年かかった → become

日本語ではどちらも「〜になる」ですが、英語では変化にかかる時間に応じて
get と become を使い分けます。

基本問題

【1】 日本文と同じ意味にするとき、(　　　　) 内の英語のうち正しいものを○で囲みましょう。

（1） この料理はおいしそうです。

This dish (is / look like / looks) delicious.

名 dish
料理

（2） このフルーツは星みたいです。

This fruit (looks / looks like / looking) a star.

名 fruit
フルーツ

（3） あなたは忙しそうです。

You (look / look like / become) busy.

（4） 彼は（体調が）すぐに良くなるでしょう。

He (gets / looks / will get) well soon.

形 well
（体調などが）
良い

副 soon
すぐに

（5） その歌手は有名になりました。

The singer (become / became / look) famous.

（6） トムは疲れているようです。

Tom (looks / looks like / become) tired.

形 tired
疲れている

（7） 私はとても疲れました。

I (am / look / got) very tired.

（8） 私はとても疲れています。

I (am / look / got) very tired.

・「I am tired.（私は疲れています。）」
　というように、〈be 動詞＋形容詞〉は
　状態を表すよ。
・「I got tired.（私は疲れました。）」
　というように、〈get ＋ 形容詞〉は
　変化を表すよ。

【2】 日本文と同じ意味にするとき、(　　　)内の英語を並べかえて、正しい英文を作りましょう。文頭は大文字で書きましょう。

（1） トムはサッカー選手になりました。

(a / became / soccer / Tom / player).

_____

（2） 彼女の家はお城みたいです。

(her / like / castle / looks / a / house).

名 castle
お城

_____

（3） サチコはとても疲れているように見えます。

(tired / Sachiko / very / looks).

_____

（4） あなたはすぐに良くなるでしょう。

(get / you / will / soon / well).

_____

（5） 私はとても退屈してしまいました。

(very / got / bored / I).

形 bored
退屈している

_____

練習問題

【1】 次の英文には誤りがあります。誤りを直して日本文に合う英文に書きかえましょう。

（1） 私は医者になりました。

I got a doctor.

_____

（2） 彼は俳優みたいです。

He looks an actor.

_____

名 actor
俳優

（3） その先生は優しそうに見えます。

The teacher looks like kind.

_____

（4） サチコはとても疲れました。

Sachiko was very tired.

_____

・〈get + 形容詞〉は「～になる」という意味だけど、
 〈get + 名詞〉は「～を得る」という意味になるね。
・〈look + 形容詞〉と〈look like + 名詞〉も間違えない
 ように気を付けよう。

【2】 次の日本文を英文にしましょう。

（１） あなたはとても若く見えます。

_____

（２） 彼はロボットのように見えます。

_____

名 robot
ロボット

（３） その少女はピアニストになりました。

_____

（４） トムは（体調が）良くなりました。

_____

（５） 私の母はとても忙しそうでした。

_____

A B C

私はちょうど宿題を終えたところです。
彼は十年間東京に住んでいます。

Q. [　　　] の意味になるように（　　　）にあてはまる言葉を〔＿＿＿＿〕から選びましょう。

① トムは寿司を食べた（　　　　　　　　）。［経験］

② 私はちょうど宿題を終えた（　　　　　　）。［完了］

③ サチコは十年間（ずっと）東京に住んで（　　　　　　）。［継続］

> ところです　　ことがあります　　います　　ことができます

A. ① ことがあります　　② ところです　　③ います

「～（した）ことがあります」は経験を、「～（した）ところです」は完了を、
「（ずっと）～しています」は継続を表します。

●日本語の「～したことがあります［経験］」「～したところです［完了］」は、過去の動作や出来事としてとらえるのが一般的な感覚ですね。

　トムは寿司を食べたことがあります。　［経験］
　私はちょうど宿題を終えたところです。［完了］　→　過去の動作や出来事

●日本語の「（ずっと）～しています［継続］」は、現在の動作や出来事ととらえられます。

　サチコは十年間（ずっと）東京に住んでいます。［継続］　→　現在の動作や出来事

> 「～している」は現在形や現在進行形の
> こともあるね。今回は継続の意味だよ。

日本語では過去や現在の動作や出来事としてとらえられる［経験］［完了］［継続］ですが、英語では現在完了形として表します。日本語と英語の感覚のちがいを右ページで確認してみましょう。

> I have **just** finished my homework.
> He **has lived** in Tokyo for ten years.

★「〜したことがあります［経験］」「〜したところです／（すでに）〜してしまいました［完了］」「ずっと〜しています［継続］」というとき、動詞を〈have + 過去分詞〉の形にします。これを現在完了形といいます。

［経験］　Tom **has eaten** *sushi*.　トムは寿司を食べたことがあります。

［完了］　I have **just** finished my homework.　私はちょうど宿題を終えたところです。
　　　　　┗▶ just「ちょうど」の語順は〈have + just + 過去分詞〉

［完了］　She **has eaten** the cake already.　彼女はすでにそのケーキを食べてしまいました。

［継続］　Sachiko **has lived** in Tokyo for ten years.
　　　　　　　　┗▶「〜年間」「〜か月」のように期間を表す for
　　　　サチコは十年間（ずっと）東京に住んでいます。

［継続］　Sachiko **has lived** in Tokyo since 2012.
　　　　　　　　┗▶「〜年から」「〜月から」のように起点を表す since
　　　　サチコは2012年から（ずっと）東京に住んでいます。

☆英語の現在完了形は、視点が現在にあるのが特徴です。

　Tom **has eaten** *sushi*.［経験］➡ 現在から見て、過去に経験があることを表します。

　　　　寿司を食べた　　　　　　現在

She **has eaten** the cake already.［完了］
➡ 食べてしまったので、今はもうケーキがないことを表します。

　　　　ケーキを食べた　　　　　現在

Sachiko **has lived** in Tokyo for ten years.［継続］
➡ 状態が過去から現在まで継続しており、今も東京に住んでいることを表します。

　　　東京に住んでいる　　　　　現在

現在完了形は、現在と関係している出来事や状態を表しますが、これは日本語にはない考え方ですね。

基本問題

【1】 日本文と同じ意味にするとき、（　　　　）内の英語のうち正しいものを〇で囲みましょう。

（1） トムは納豆を食べたことがあります。

Tom (eats / has eaten) *natto*.

動 eaten
eat（食べる）の
過去分詞

（2） 私はちょうど宿題を終えたところです。

I (have just finished / just finished) my homework.

副 just
ちょうど

（3） サチコはすでにそのケーキを食べてしまいました。

（だからケーキはもうありません。）

Sachiko (eats / ate / has eaten) the cake already.

副 already
すでに
・〈have + already +
　過去分詞〉
・文末に already を
　付ける
どちらのパターン
もある。

（4） 私は五年間東京に住んでいます。

I (have lived / am living / live) in Tokyo for five years.

（5） 私の父はロンドンを訪れたことがあります。

My father (visited / has visited / is visiting) London.

動 visit
訪れる

（6） 彼女はその部屋をちょうど掃除したところです。

She (just has cleaned / has just cleaned /
is just cleaning) the room.

（7） 私はその本を二回読んだことがあります。

I (have read / am reading / read) the book twice.

副 twice
二回

動 lose
失くす
・lost
　lose の過去形、
　過去分詞

（8） 彼は財布を失くしてしまいました。（だから財布はありません。）

He (lost / loses / has lost) his wallet.

名 wallet
財布

【2】 日本文と同じ意味にするとき、（　　　　）内の英語を並べかえて、正しい英文を作りましょう。文頭は大文字で書きましょう。

（1） トムは二度、東京を訪れたことがあります。

(has / Tokyo / visited / Tom / twice).

_____

（2） 私たちはその窓を割ってしまいました。（今も割れたままです。）

(broken / we / the / have / window).

_____

動 break
壊す

・broken
　break の過去分詞

（3） 私は昨年からずっとサチコのことを知っています。

(year / have / since / I / known / last / Sachiko).

_____

（4） 私の兄はちょうど宿題を終えたところです。

(homework / my / his / has / brother / finished / just).

_____

☆過去形と現在完了形のちがい

　[過去形]　　　Sachiko ate the cake.　サチコはそのケーキを食べました。
　　　　　　　→ ケーキがまだ残っているかはわからない。
　[現在完了形]　Sachiko has eaten the cake.　サチコはそのケーキを食べてしまいました。
　　　　　　　→ だからケーキはもうない。

練習問題

【I】 次の英文には誤りがあります。誤りを直して日本文に合う英文に書き
    かえましょう。

（1） メアリーはこれまでに二度、寿司を食べたことがあります。

Mary ate *sushi* twice.

_____

（2） トムは2020年からロンドンに住んでいます。

Tom has lived in London for 2020.

_____

（3） 私の母はちょうど夕食を作ったところです。

My mother just cooked dinner.

_____

動 cook
料理する
名 dinner
夕食

（4） サチコはその本を失くしてしまいました。（だからその本はありません。）

Sachiko lost the book.

_____

動 lose
失くす
・lost
  lose の過去形、
  過去分詞

（5） 私は彼女のことを三年前から知っています。

I know her for three years.

_____

I have / you have / we have は
I've / you've / we've に短縮できるよ。

【2】 次の日本文を英文にしましょう。

（１） 私はちょうど昼食を食べたところです。

_____

（２） 私たちは昨年から友達です。

_____

（３） その少女はちょうど宿題を終えたところです。

_____

（４） トムはその時計を失くしてしまいました。（だから時計はありません。）

_____

（５） 私は五年間ずっと京都に住んでいます。

_____

「We are friends.（私たちは友達です。）」
これを現在完了形にすると次のようになるよ。
「We have been friends.（私たちはずっと友達です。）」

20. 現在完了形の否定文と疑問文

> **I have not read this book yet.**
> **Have you ever visited Nara?**

★現在完了形を否定文にするには、〈主語 + have + not + 過去分詞~.〉にします。

I have not read this book yet.　私はまだこの本を読んでいません。
└─▶ まだ~ない

have not は haven't に短縮できます。

☆現在完了形の経験で、「一度も~したことがない」という否定文にするには never を使います。

Sachiko has never been to Canada.　サチコは一度もカナダに行ったことがありません。

★現在完了形を疑問文にするには、〈Have + 主語 + 過去分詞~?〉にします。
　この疑問文には、〈Yes, 主語 + have.〉あるいは〈No, 主語 + have + not.〉で答えます。

Have you ever visited Nara?　あなたはこれまでに奈良を訪れたことがありますか。
└─▶ これまでに

— Yes, I have.　はい、あります。
— No, I have not (haven't).　いいえ、ありません。

★ How long から始まる現在完了形の疑問文には、Yes / No で答えられません。
　この疑問文には、〈For + 期間.〉あるいは〈Since + 起点.〉で答えます。

How long has Tom lived in Tokyo?　どれくらいの期間、トムは東京に住んでいますか。

— For five years.　　五年間です。
— Since he was ten.　彼が十歳のときからです。
— Since 2009.　　2009年からです。

> How long で始まる疑問文は what など疑問詞の付く疑問文と同じ語順だよ。

基本問題

【1】 日本文と同じ意味にするとき、（　　　　）内の英語のうち正しいもの
を〇で囲みましょう。

（1） トムは納豆を食べたことがありません。

Tom (doesn't eat / hasn't eaten) *natto*.

（2） 私は東京に行ったことがありません。

I (have never been / have never gone) to Tokyo.

・ have been to〜
　〜に行ったことがある
・ have gone to〜
　〜に行ってしまった
　（だからもういない）

（3） いつあなたは宿題を終えましたか。

When (do / did / have) you finish your homework？

― 三時間前です。

(Three hours ago / Since three hours / For three hours).

（4） あなたのお父さんはこれまでにロンドンを訪れたことがありますか。

Has your father ever (visiting / visited / visit to)
London？

動 visit
訪れる

副 ever
これまでに

― いいえ、ありません。

No, (he hasn't / it isn't / he didn't).

（5） どれくらいの期間、あなたは京都に住んでいますか。

How long (do / were / have) you lived in Kyoto？

― 十年間です。

(Since ten years / For ten years).

【２】 日本文と同じ意味にするとき、（　　　）内の英語を並べかえて、正しい英文を作りましょう。文頭は大文字で書きましょう。

（１） トムはこれまで東京を訪れたことがありません。

(has / Tokyo / visited / Tom / never).

_____

（２） その少年はギターを弾いたことがありますか。

(the / boy / has / played / guitar / the)?

_____

― いいえ、ありません。

(has / not / no / , / he).

_____

（３） どれくらいの期間、あなたはサチコのことを知っていますか。

(long / you / Sachiko / how / known / have)?

_____

― 昨年からです。

(last / since / year).

_____

練習問題

【１】 次の日本文を英文にしましょう。

（１） あなたはいつ夕食を食べましたか。

_____

― 二時間前です。

名 hour
時間

_____

（２） どれくらいの期間、サチコとトムは友達ですか。

_____

― 五年前からです。

_____

（３） どれくらいの期間、あなたは大阪に住んでいますか。

_____

― 十二歳のころからです。

_____

> 疑問詞 when は過去～未来のある一点をたずねる表現なので
> 現在完了形と一緒には使えないよ。
> 現在完了形の過去～現在の幅のある期間をたずねるには、
> 「How long～？（どれくらいの期間～？）」を使うんだ。

21. ずっと続いていること —— 現在完了進行形

ジョンは一時間ずっとテニスをしています。

Q．次の下線部の表現は、状態を表しているか、動作を表しているか答えましょう。

① 私たちは友達です。　　　　　　［　　　　　］

② 私の母は毎日掃除をします。　　［　　　　　］

③ ジョンはテニスをします。　　　［　　　　　］

④ サチコは母親のことが好きです。［　　　　　］

A．① 状態　　② 動作　　③ 動作　　④ 状態

● 「掃除をします」「テニスをします」などは、動作を表しています。

掃除をします　　　　テニスをします

動作を表す

「私の母は朝から掃除をしています。」「ジョンは一時間テニスをしています。」というように、「朝から」「一時間」などの副詞を付けたり、述語を「〜しています」という形にしたりすると動作の継続を表すことができます。

● 「友達です」「好きです」などは、状態を表しています。

友達です　　　　　知っています

状態を表す

「私たちは五年前から友達です。」「メアリーはずっとトムのことを知っています。」というように、「五年前から」「ずっと」などの副詞を付けると、状態が継続している期間を表すことができます。

John has been playing tennis for an hour.

★動作の継続を表すときは現在完了進行形を使います。
現在完了進行形は動詞を 〈have ＋ been ＋ 動詞 ing〉 にします。

［動作の継続］　My mother has been cleaning the room since this morning.
　　　　　　　私の母は今朝からその部屋を掃除をしています。

［動作の継続］　John has been playing tennis for an hour.
　　　　　　　ジョンは一時間テニスをしています。

clean　　　　　　　　　play tennis

現在進行形や現在完了形と似ていますが、現在完了進行形は「今もし続けている［動作の継続］」という意味です。

★「be friends（友達です）」「like（好きです）」など状態を表す表現は、進行形にすることができません。状態が継続していることを表すとき、現在完了形を使います。

［状態の継続］　We have been friends for five years.
　　　　　　　私たちは五年前から友達です。

［状態の継続］　Mary has known Tom.
　　　　　　　メアリーはずっとトムのことを知っています。

be friends　　　　　　　know

現在完了形は
〈have ＋ 過去分詞〉
だったね。

☆日本語では状態と動作を区別して考えることはあまりありません。英語では、状態と動作をはっきりと区別して、現在完了形と現在完了進行形を使い分けるのですね。

基本問題

【1】 日本文と同じ意味にするとき、(　　　　) 内の英語のうち正しいものを○で囲みましょう。

（1） 私は今朝からずっと英語の勉強をしています。

I (study / studied / have been studying) English since this morning.

（2） 私たちは十年間ずっと友達です。

We (are / have been) friends for ten years.

（3） 私の母は昨日からずっとその部屋を掃除しています。

My mother (is cleaning / cleaned / has been cleaning) the room since yesterday.

（4） トムは五年間ずっとサチコのことが好きです。

Tom (likes / has liked / has been liking) Sachiko for five years.

（5） 先月から彼は彼女を待ち続けています。

He (has been waiting / was waiting / is waiting) for her since last month.

動 wait
待つ
・wait for～
　～を待つ

（6） メアリーは一時間ずっと読書をしています。

Mary (is reading / has been reading / reads) books for an hour.

（7） 私は五年間ずっとトムのことを知っています。

I (know / have been knowing / have known) Tom for five years.

【2】 日本文と同じ意味にするとき、（　　　　）内の英語を並べかえて、正しい英文を作りましょう。文頭は大文字で書きましょう。

（１）　トムは今朝からずっとギターの練習をしています。

（ this / the / practicing / been / Tom / has / guitar / since / morning ）.

_____

（２）　一週間ずっと雨が降っています。

（ has / for / it / been / a / raining / week ）.

動 rain
雨が降る

名 week
週

_____

（３）　私は昨年からサチコのことを知っています。

（ year / have / since / I / known / last / Sachiko ）.

_____

（４）　私の兄は昨日からずっと数学の勉強をしています。

（ math / my / has / been / brother / yesterday / studying / since ）.

_____

（２）の it は「それ」ではなく
天候を表す it だよ。

練習問題

【1】 次の英文には誤りがあります。誤りを直して日本文に合う英文に書き
かえましょう。

（1） トムとメアリーは三年間ずっと友達です。

Tom and Mary are friends for three years.

_____

（2） 彼は長い間メアリーのことが好きです。

He has been liking Mary for a long time.

_____

（3） サチコは一時間ずっとピアノを弾いています。

Sachiko is playing the piano for an hour.

_____

（4） 昨日から雨が降り続いています。

It rained since yesterday.

_____

（5） 私は彼女のことを三年前から知っています。

I have been knowing her for three years.

_____

・for a long time
　長い間

【2】 次の日本文を英文にしましょう。

（１） 私の姉は二時間ずっと英語の勉強をしています。

_____

（２） 彼らは長い間ずっと友達です。

_____

（３） その少年は今朝からずっとサッカーをしています。

_____

（４） 彼らは私のことを五年前から知っています。

_____

☆「五年前から」というとき、「five years ago」と表すのは間違いです。
　　なぜなら ago は過去のある一点を指すからです。

since を使って「since five years ago」とするのも間違いです。

☆「五年前から」は「五年間」と同じ意味なので、「for five years」と表します。

☆ 2023年の五年前は2018年なので、「since 2018」とも表せます。

A B C

22. 現在完了進行形の否定文と疑問文

> It has not been raining **for a week.**
> **Have you** been studying **since this morning?**

★現在完了進行形を否定文にするには、〈主語 + have + not + been + 動詞 ing～.〉にします。

I have not been practicing **the piano for a week.**
私は一週間ずっとピアノの練習をしていません。

It has not been raining **for a week.**　一週間ずっと雨が降っていません。

★現在完了進行形を疑問文にするには、〈Have + 主語 + been + 動詞 ing～?〉にします。
この疑問文には、〈Yes, 主語 + have.〉あるいは〈No, 主語 + have + not.〉で答えます。

Have **you** been studying **since this morning?**
あなたは今朝からずっと勉強をしているのですか。

— Yes, I have.　はい、そうです。
— No, I have not.　いいえ、ちがいます。

答え方は現在完了形と同じだね！

★ How long から始まる現在完了進行形の疑問文には、Yes / No で答えられません。
この疑問文には、〈For + 期間.〉あるいは〈Since + 起点.〉で答えます。

How long **has Sachiko waiting for Tom?**
どれくらいの期間、サチコはトムを待ち続けているのですか。

— For **two days.**　二日間です。

— Since **last month.**　先月からです。

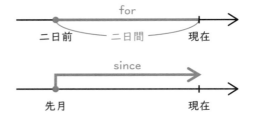

基本問題

【1】 日本文と同じ意味にするとき、(　　　　) 内の英語のうち正しいもの
　　　を○で囲みましょう。

(1)　私は昨日からずっと英語の勉強をしていません。

I haven't (study / been studying) English since yesterday.

(2)　トムは一週間ずっとギターの練習をしていません。

Tom hasn't been (practicing / practice) the guitar for a
week.

(3)　私たちは今朝からずっとテニスをしていません。

We haven't (playing / been playing) tennis since this
morning.

(4)　あなたは今朝からずっとピアノの練習をしているのですか。

Have you (been practicing / practice) the piano since this
morning?

　　　— はい、そうです。
Yes, I (have / have been).

(5)　どれくらいの期間、あなたは彼女を待ち続けているのですか。

How long have you (waiting / been waiting) for her?

動 wait
待つ
・wait for〜
　〜を待つ

　　　— 昨年からです。
(For / Since / In) last year.

(6)　一週間ずっと読書をしていません。

I haven't been (reading / read) books for a week.

【2】 日本文と同じ意味にするとき、（　　　）内の英語を並べかえて、正しい英文を作りましょう。文頭は大文字で書きましょう。

（１）　トムは今朝からずっとギターの練習をしているのですか。
(this / the / practicing / been / Tom / has / guitar / since / morning)？

_____

― いいえ、ちがいます。
(he / , / no / hasn't).

_____

（２）　一週間ずっと雨が降っていません。
(has / for / it / been / a / raining / week / not).

動 rain
雨が降る

_____

（３）　どれくらいの期間、あなたは英語を勉強しているのですか。
(studying / you / how / been / long / English / have)？

_____

― 三年間です。
(three / for / years).

_____

練習問題

【1】 次の日本文を英文にしましょう。

（1） どれくらいの期間、あなたのお母さんはその部屋を掃除しているのですか。

動 clean
掃除する

_____

― 二時間です。

名 hour
時間

_____

（2） サチコは先週からずっとサッカーをしていません。

_____

（3） 私は先月からずっと読書をしていません。

・last month
先月

_____

（4） その少女は一週間ずっとピアノを弾いていません。

_____

☆「私は三年間勉強しています。」の英訳

［現在完了形］　I have studied English for three years.

この表現だと、過去から現在までの三年間英語を勉強していることがわかります。

しかし、継続して「今も勉強し続けている」かはわかりません。

［現在完了進行形］　I have been studying English for three years.

「study（勉強する）」は動作動詞なので、現在完了進行形で「今も勉強し続けている」

という継続を表せます。

> 私はいつも部屋を清潔にしています。
> 私は時計を彼にあげます。

Q.（　　　）にあてはまる言葉を┌┈┈┈┘から選びましょう。

① 私はいつも部屋を（　　　　　　　）にしています。

② その写真は私を（　　　　　　　）にします。

③ 私は彼に（　　　　　　）をあげました。

┌┈┈┈┈┈┈┈┈┈┈┈┈┈┈┈┈┈┈┈┈┈┈┈┈┈┈┈┈┐
　時計　　どんどん　　清潔　　トム　　幸せ（な気分）
└┈┈┈┈┈┈┈┈┈┈┈┈┈┈┈┈┈┈┈┈┈┈┈┈┈┈┈┈┘

A. ① 清潔　　② 幸せ（な気分）　　③ 時計

（１）「AがBの状態である」「AがBである」という関係性を持つ文

次の文では、A＝Bの関係性が成り立っています。

	A	B	
私はいつも	部屋を	清潔に	しています。
その写真は	私を	幸せ（な気分）に	します。
彼らは	彼女を	サチコと	呼びます。

─ A ─		─ B ─
部屋	＝	清潔な状態
私	＝	幸せな状態
彼女	＝	サチコ

（２）「物を人に…」「人に物を…」という関係性を持つ文

次の文は、「物を 人に あげる」というように動作の対象を表しています。

　　　　物を　　人に
私は　時計を　彼に　あげました。

> 「人に」は「人へ」と
> 言いかえられるね。

順番を入れかえて、「人に 物を あげる」という形にもできます。

　　　　人に　　物を
私は　彼に　時計を　あげました。

●日本語で語順を入れかえるときは、時計「を」、彼「に」といった助詞も一緒に入れかえます。
「目に ゴミが入った！」と「ゴミが 目に 入った！」は同じですが、「目が ゴミに 入った！」
は意味がちがう文になってしまいますね。

> **I always keep my room clean.**
> **I give him a watch.**

★どのような要素を、どういう順に組み合わせて文が成立しているかによって、文をいくつかの型に分けることができます。これを文型といいます。

動詞の後にA、Bという二つの要素がある文は、次の文型のどちらかに分類されます。
（１）「AがBの状態である」「AがBである」（A＝B）という関係性を持つ文
（２）「物を人に…」「人に物を…」という関係性を持つ文

（１）「AがBの状態である」「AがBである」（A＝B）という関係性を持つ文
　　・〈keep＋A＋B〉〈make＋A＋B〉で「AをBの状態にする」を表します。

　　　I always 　　keep 　　my room 　　clean. 　　私はいつも部屋を清潔にしています。
　　　The picture 　makes 　　me 　　　　happy. 　　その写真は私を幸せ（な気分）にします。

　　・〈call＋A＋B〉は「AをBと呼ぶ」という意味です。

　　　They 　call 　her 　Sachiko. 　　彼らは彼女をサチコと呼びます。

（２）「物を人に…」「人に物を…」という関係性を持つ文
　　・「人に物を～する」というとき、〈動詞＋ 人 ＋ 物 〉という語順になります。
　　　　　　　　　　　　 人 　　　 物
　　　I 　　　gave 　　him 　　　a watch. 　　私は彼に時計をあげました。
　　　Tom 　bought 　Sachiko 　a wallet. 　　トムはサチコに財布を買いました。

　　・ 人 と 物 の語順を入れかえることができますが、前置詞が必要になります。
　　　　　　　　　　　　 物 　　　　　　 人
　　　I 　　　gave 　　a watch 　to 　him.
　　　Tom 　bought 　a wallet 　for 　Sachiko.

☆〈動詞＋物＋ to ＋人〉と〈動詞 ＋ 物 ＋ for ＋ 人〉の使い分け
　相手がいることが前提の動作の場合は to、相手がいなくてもできる動作の場合は for を使います。
　・give「あげる」 → 相手がいないと「あげる」行為はできない → to を使う
　・buy「買う」　 →「買う」行為は相手がいなくてもできる　 → for を使う

基本問題

【1】 日本文と同じ意味にするとき、（　　　）内の英語のうち正しいものを〇で囲みましょう。

（1）　トムはいつも部屋をきれいにしています。

Tom always keeps (his room clean / clean his room).

（2）　私は彼女をメアリーと呼びます。

I call (her Mary / Mary her).

（3）　私は彼に絵をあげました。

I gave (a picture him / him a picture).

（4）　私の父は私に本を買いました。

My father bought (me a book / a book me).

（5）　彼は彼女に時計をあげました。

He gave (a watch her / a watch to her).

（6）　私は弟に自転車を買いました。

I bought a bike (to / for) my brother.

（7）　その絵を見るとサチコは幸せな気分になります。

The picture makes (Sachiko happy / happy Sachiko).

（8）　私の兄は私に英語を教えます。

My brother teaches (English me / me English).

（9）　トムはサチコに英語を教えます。

Tom teaches English (for / to) Sachiko.

形 clean
きれいな、清潔な
副 always
いつも

動 give
与える
・gave
　give の過去形

動 buy
買う
・bought
　buy の過去形

動 teach
教える

練習問題

【１】 次の日本文を英文にしましょう。

（１） その物語は私を悲しい気分にしました。

_____

名 story
お話、物語
形 sad
悲しい

（２） 私たちはその犬をポチと呼びます。

_____

動 call
呼ぶ

（３） サチコはいつも彼女の部屋をきれいにしています。

_____

（４） 私の父は私に数学を教えます。

_____

（５） 彼は彼女に一冊の本を買いました。

_____

☆ make と keep の使い方

・make「（ある状態に）する」

I make my room clean. ➔ 少し散らかっているのを片付けて、きれいな状態にする。

・keep「（ある状態を）保っている」

I keep my room clean. ➔ 常にきれいな状態を保っている。

【１】 日本文と同じ意味にするとき、（　　　）内の英語のうち正しいもの
を〇で囲みましょう。 （3点×9）

（１） この図書館はお城みたいです。

This library (looks / looks like / looking) a castle.

名 castle
お城

（２） あなたは眠そうです。

You (look / look like / become) sleepy.

形 sleepy
眠い

（３） その少年は（体調が）すぐに良くなるでしょう。

The boy (gets / looks / will get) well soon.

（４） 私の母はいつも部屋をきれいにしています。

My mother keeps (her room clean / clean her room).

（５） 彼は彼女に本をあげました。

He gave (a book her / a book to her).

（６） 私は弟に辞書を買いました。

I bought a dictionary (to / for) my brother.

名 dictionary
辞書

（７） 私は今朝からずっと数学の勉強をしています。

I (study / have been studying) math since this morning.

（８） トムとサチコは十年間ずっと友達です。

Tom and Sachiko (are / have been) friends for ten years.

（９） 私の姉はその本を二回読んだことがあります。

My sister (has read / is reading / read) the book twice.

副 twice
二回

【2】 次の疑問文に対する答えとして正しいものを [_____] から選び、記号
　　　で答えましょう。　　　　　　　　　　　　　　　　（3点×5）

（1）　Have you ever been to Canada？　　　　　　［　　　］

（2）　When did you finish your homework？　　　　［　　　］

（3）　How long have you lived in Tokyo？　　　　　［　　　］

（4）　Has Sachiko been playing the piano for two hours？

　　　　　　　　　　　　　　　　　　　　　　　　［　　　］

（5）　Has your father visited London？　　　　　　［　　　］

```
ア　Two hours ago.
イ　Yes, I have.
ウ　No, he hasn't.
エ　Since I was ten.
オ　Yes, she has.
```

【3】 次の英文を（　　　）の指示に従って書きかえましょう。

（1）　Mary ate *sushi.*（「二回食べたことがある」という表現に）（4点）

_____

（2）　I didn't visit Kyoto.（「～したことがない」という表現に）（4点）

_____

動 eat
食べる
・過去形　ate
・過去分詞 eaten

A B C

（3） It rains.（文末に for a week を付けて）　　　　　（5点）

_____

（4） This fruit is delicious.（「おいしそう」という表現に）　（5点）

_____

【４】 日本文と同じ意味にするとき、（　　　）内の英語を並べかえて、正しい英文を作りましょう。文頭は大文字で書きましょう。　（4点×5）

（1） 私はすでにその本を読んでしまいました。
（ read / I / the / have / book / already ）.

_____

（2） サチコはちょうど宿題を終えたところです。
（ homework / her / has / Sachiko / finished / just ）.

_____

（3） 私の兄は昨日からずっと数学の勉強をしています。
（ math / my / has / been / brother / yesterday / studying / since ）.

_____

（4） トムは有名な歌手になりました。
（ a / became / famous / Tom / singer ）.

_____

（５） 彼女はピアニストみたいです。

(pianist / like / she / looks / a).

_____

【５】 次の日本文を英文にしましょう。　　　　　　　（４点×５）

（１） 私たちはそのネコをタマと呼びます。

_____

（２） その物語は私を幸せな気分にしました。

_____

名 story
お話、物語

（３） トムはその生徒に英語を教えます。

_____

（４） 私たちは二時間ずっとサッカーをしています。

_____

（５） その先生は私たちのことを三年前から知っています。

_____

意味	原形	過去形	過去分詞形
～である	be（am / are / is）	was / were	been
～になる	become	became	become
買う	buy	bought	bought
つかまえる	catch	caught	caught
来る	come	came	come
する	do	did	done
食べる	eat	ate	eaten
見つける	find	found	found
得る	get	got	gotten, got
行く	go	went	gone
持っている	have	had	had
聞く	hear	heard	heard
知っている	know	knew	known
去る	leave	left	left
作る	make	made	made
会う	meet	met	met
読む	read	read	read
言う	say	said	said
見る	see	saw	seen
売る	sell	sold	sold
歌う	sing	sang	sung
とる	take	took	taken
教える	teach	taught	taught
思う	think	thought	thought
勝つ	win	won	won
書く	write	wrote	written

他にもたくさんあります。ここでは主なものを紹介しています。

形容詞・副詞の比較変化表

【比較級 –er、最上級 –est を付ける単語】
（–y で終わるものは y を i に変える。–e で終わるものは –r, –st を付ける。）

意味	原級	比較級	最上級
大きい	big	bigger	biggest
早い、早く	early	earlier	earliest
大きい、すばらしい	great	greater	greatest
すてきな	nice	nicer	nicest
簡単な	easy	easier	easiest
小さい	small	smaller	smallest

【比較級 more、最上級 most を付ける単語】

意味	原級	比較級	最上級
美しい	beautiful	more beautiful	most beautiful
難しい	difficult	more difficult	most difficult
興奮させるような	exciting	more exciting	most exciting
有名な	famous	more famous	most famous
重要な	important	more important	most important
興味深い	interesting	more interesting	most interesting
役に立つ	useful	more useful	most useful
すばらしい	wonderful	more wonderful	most wonderful
簡単に	easily	more easily	most easily

【不規則な変化をする単語】

意味	原級	比較級	最上級
悪い	bad	worse	worst
良い	good	better	best
上手に	well		
少し	little	less	least
（数が）多い	many	more	most
（量が）多い	much		

他にもたくさんあります。ここでは一部を紹介しています。

at

① ［場所、時間の一点］　at school「学校で」　at 3 o'clock「三時に」
② ［対象］　　　　　　　look at me 「私を見る」

一点

in

① ［場所］　　　　　in Tokyo「東京で」
② ［年、月、季節］　in April「四月に」　in the summer「夏に」
in は at よりも広い範囲を表します。

内部

on

① ［接触］　　　　on the table「テーブルの上に」
② ［曜日、日付］　on Friday「金曜日に」　on May 5th「五月五日に」

接触

with

［共同、付帯］　talk with him「彼と一緒に話す」
　　　　　　　　a boy with blue eyes「青い目の少年」
「青い目と一緒の少年」＝「青い目を持った少年」という意味になります。

お供

from

［場所、時間などの起点］　from Osaka「大阪から」
　　　　　　　　　　　　from Monday「月曜日から」

起点

to

① ［場所、時間などの到達点］　from Osaka to Tokyo「大阪から東京まで」
② ［対象］　　　　　　　　　teach to him「彼に教える」

到達点

for

① ［方向、時間］　the train for Shibuya「渋谷行きの電車」
　　　　　　　　　for a week「一週間」
② ［対象、利益］　buy for her「彼女のために買う」

向かう

to は動作の受け手が必要な動詞、for は動作の受け手が不要な動詞に対して使います。
「teach 教える」は相手がいないとできない動作なので、「teach（物）to 人」となります。
「buy 買う」は一人でもできる動作なので、「buy（物）for 人」となります。

解答

P. 8-11

基本問題【1】

（1）　was　　　（2）　was　　　（3）　are　　　（4）　is　　　（5）　The cat was

（6）　were　　　（7）　was　　　（8）　The letter was

基本問題【2】

（1）　There was some money in my wallet.

（2）　There was a cat in the room.

（3）　There were pencils on the desk.

（4）　There was a dog under the chair.

（5）　There were many computers in the room.

練習問題【1】

（1）　There were some books in his bag.

（2）　There was a library in our town.

（3）　The school was near the station.

（4）　The book was in his bag.

（5）　There was a pen on the desk.

練習問題【2】

（1）　There was a cat under the chair.

（2）　There were three dogs in this house.

（3）　There was a letter on the desk.

（4）　The pen was in my bag.

　　　あるいは　The pens were in my bag.

（5）　The book was in the room.

　　　あるいは　The books were in the room.

P. 13-15

基本問題【1】

（1）　is not　　　（2）　is not　　　（3）　are no　　　（4）　Is　— there is

（5）　Are there　— there aren't　　　（6）　Was　— there was

基本問題【2】

（1）　There is no money in my wallet.

（2）　There were no cats in the room.

（3）　There are no pencils on the desk.

（4）　Is there a dog under the chair?　— No, there is not.

練習問題【1】

（1）　There was no money in my bag.

（2）　There are not any dogs in this house.

（3）　Are there any letters under the book?　― Yes, there are.

（4）　Are there any pencils on the desk?　― No, there are not.

P. 18-21

基本問題【1】

（1）　play　　　　　　（2）　will play　　　　（3）　studies　　　　（4）　will study

（5）　is going to　　　（6）　am going to　　　（7）　is　　　　　　（8）　was　　　　　（9）　will be

基本問題【2】

（1）　We are going to play soccer tomorrow.

（2）　I am going to go to the library next week.

（3）　Sachiko will clean the room next weekend.

（4）　Tom is going to study Japanese tomorrow.

（5）　The boys will run in the park next Sunday.

練習問題【1】

（1）　I will[am going to] use this computer tomorrow.

（2）　They are going to[will] play soccer next weekend.

（3）　The boy will[is going to] clean the room next Sunday.

（4）　It will[is going to] be sunny tomorrow.

（5）　Sachiko practices the piano every day.

練習問題【2】

（1）　I will[am going to] go to the library tomorrow.

（2）　Sachiko will[is going to] study English next Sunday.

（3）　Tom will[is going to] play soccer in the park next week.

（4）　My mother will[is going to] clean the room tomorrow.

（5）　The students will[are going to] use the computer(s) tomorrow.

基本問題【1】

（1） don't （2） will not （3） doesn't （4） won't （5） won't

（6） Is Tom going ― isn't （7） Are you going ― I am

基本問題【2】

（1） We are not going to play soccer tomorrow.

（2） Sachiko won't clean the room next weekend.

（3） Are you going to go to the library tomorrow? ― Yes, I am.

（4） Will the boys run in the park next Friday? ― No, they will not.

練習問題【1】

（1） I will not[am not going to] go to the library tomorrow.

（2） Tom will not[is not going to] play soccer in the park next week.

（3） Will you clean the room tomorrow? ― Yes, I will.

あるいは Are you going to clean the room tomorrow? ― Yes, I am.

（4） Will the students use the computer(s) tomorrow?

― No, they will not.

あるいは Are the students going to use the computer(s) tomorrow?

― No, they are not.

P. 28-29

基本問題【1】

（1） Would you help me?

（2） Will you open the door?

（3） Can you close the window?

（4） Could you speak in English?

（5） Will you play the guitar?

練習問題【1】

（1） Can[Could / Will / Would] you write a letter in Japanese?

（2） Can[Could / Will / Would] you teach me English?

あるいは Can[Could / Will / Would] you teach English to me?

（3） Can[Could / Will / Would] you play the piano?

（4） Can[Could / Will / Would] you clean this room?

（5） Can[Could / Will / Would] you open the window?

P. 32-35

基本問題【1】

(1) If　　(2) When　　(3) because　　(4) that

(5) if　　(6) because　　(7) when

基本問題【2】

(1) When I got home, my mother was cooking.

(2) Let's run in the park if it is sunny tomorrow.

(3) I think that he is kind.

(4) I was at home because it was rainy.

練習問題【1】

(1) Please tell me if you are busy.

(2) Let's swim because it is sunny today.

(3) If you get home, please call me.

(4) Sachiko was watching TV when I called her.

練習問題【2】

(1) I don't think (that) she is kind.

(2) If it is rainy tomorrow, I will[am going to] be at home.

あるいは　I will[am going to] be at home if it is rainy tomorrow.

(3) I cannot call you because I am busy.

(4) When I got home, my brother was studying English.

あるいは　My brother was studying English when I got home.

(5) I think (that) English is interesting.

P. 36-39　まとめのテスト①

【1】

(1) is　　(2) were　　(3) will play　　(4) plays

(5) If　　(6) When　　(7) that　　(8) Could

【2】

(1) ア　　(2) カ　　(3) エ　　(4) ウ　　(5) オ　　(6) イ

【3】

(1) Tom will[is going to] study math tomorrow.

(2) Can[Could / Will / Would] you close the door?

Close the door, please.

Please close the door.　のうちいずれか

(3) I think (that) he is kind.

(4) We will swim if it is hot.

あるいは　If it is hot, we will swim.

【4】

(1) Tom is going to go to the library next week.

(2) When she got home, Tom was cleaning his room.

(3) Could you teach Tom Japanese?

(4) There was some money in his wallet.

(5) We were at home because it was rainy.

【5】

(1) The dictionary was under the chair.

あるいは　The dictionaries were under the chair.

(2) Can[Could / Will / Would] you write a letter in English?

(3) I don't think (that) English is easy.

(4) I cannot help you because I am busy.

(5) There were two pens on the desk.

P. 42-45

基本問題【1】

(1) do　　　(2) must do　　　(3) cleans　　　(4) must clean

(5) can　　　(6) has to　　　(7) will study　　　(8) have to study

基本問題【2】

(1) Sachiko must do her homework.

(2) I have to go to the library.

(3) The girls must practice the piano.

(4) Tom has to study Japanese.

(5) We have to clean the room.

練習問題【1】

(1) I must[have to] practice the piano every day.

(2) He has to go to the library on Mondays.

(3) Sachiko has to clean the room.

(4) The boys have to practice soccer.

(5) Tom must speak Japanese.

練習問題【2】

(1) We must[have to] do our homework every day.

(2) Sachiko must[has to] study English.

(3) I must[have to] practice the piano on Mondays[every Monday].

(4) They must[have to] go to the library.

(5) My mother must[has to] cook every day.

基本問題【1】

（1） don't have to
（2） must speak
（3） must not
（4） Does he have to　— doesn't
（5） has to
（6） don't have to
（7） must not

基本問題【2】

（1） I don't have to practice the piano.
（2） You must not play the piano.
（3） Tom has to study math every day.
（4） Do I have to speak English?　— No, you don't.

練習問題【1】

（1） Tom must not play the guitar.
（2） He has to go to the library on Sundays.
（3） I don't have to clean the room.
（4） Do the boys have to practice soccer?　— No, they don't (have to).
　　　あるいは　Must the boys practice soccer?　— No, they don't have to.

練習問題【2】

（1） The students must[have to] do their homework every day.
（2） Sachiko doesn't have to study English.
（3） We must not speak Japanese in this room.
（4） Do I have to help Tom?　— No, you don't (have to).
　　　あるいは　Must I help Tom?　— No, you don't have to.

P. 54-57

基本問題【1】

（1） To study
（2） to be
（3） to read
（4） to play
（5） to play
（6） to speak
（7） for
（8） for her
（9） of Sachiko

基本問題【2】

（1） I like to play tennis.
（2） I want to be a doctor.
（3） To read books is important.
（4） It is difficult for me to speak English.
（5） It is kind of you to help me.

練習問題【1】

（1） I like to play the piano.

（2）　Her dream is to be a musician.

（3）　Sachiko wants to buy a new bag.

（4）　It is easy for me to speak English.

（5）　It is kind of you to help him.

練習問題【2】

（1）　I want to eat a cake[cakes].

（2）　To study English is important.

　　　　あるいは　It is important to study English.

（3）　The girls like to play tennis.

（4）　It is easy for Tom to play the guitar.

（5）　It is dangerous for the children to swim in this river.

P. 60-63

基本問題【1】

（1）　to do　　　　　　（2）　to eat　　　　　（3）　to read

（4）　to write with　　　（5）　to live in　　　（6）　to practice

基本問題【2】

（1）　He has a lot of homework to do.

（2）　I want a new book to read.

（3）　I have many friends to play with.

（4）　I want something to drink.

（5）　The boy has no time to play soccer.

練習問題【1】

（1）　I have many books to read.

（2）　She wants something to eat.

（3）　I have some pictures to show you.

（4）　Tom has a lot of things to do.

（5）　I want a friend to talk with.

練習問題【2】

（1）　Tom has some pictures to show you.

（2）　The girl wants a friend[friends] to talk with.

（3）　I have a lot of homework to do today.

（4）　He wanted something to drink.

（5）　Sachiko has no time to practice the piano.

　　　　あるいは　Sachiko doesn't have (any) time to practice the piano.

P. 66-69

基本問題【1】

(1) to read　　　(2) to travel　　　(3) to meet　　　(4) to teach
(5) to watch　　　(6) to play　　　(7) to be　　　(8) to study

基本問題【2】

(1) He got up early to do his homework.
(2) Tom is going to go to the library to meet his friend.
(3) She went to the park to watch the game.
(4) Mary came to Tokyo to eat Japanese food.
(5) I must study hard to be a doctor.

練習問題【1】

(1) Tom came to Tokyo to meet Sachiko.
(2) I got up early to read a book.
(3) She is going to go to France to study music.
(4) The girl practices the piano hard to be a pianist.
(5) I must go to the park to play tennis.

練習問題【2】

(1) He gets up early to study English.
(2) I must[have to] go to the park to meet Tom.
(3) Sachiko is going to[will] go to London to teach Japanese.
(4) The student studied hard to be a doctor.
(5) She went to the library to read a book[books].

P. 72-73

基本問題【1】

(1) to be　　　(2) playing　　　(3) Reading
(4) to speak　　　(5) playing　　　(6) doing
(7) to go　　　(8) watching　　　(9) to master

練習問題【1】

(1) Tom wants[hopes] to come to Tokyo.
(2) The boy likes playing[to play] baseball.
(3) Sachiko enjoyed watching the game.
(4) It is interesting for her to study Japanese.
(5) I finished reading the book yesterday.

P. 74-77　まとめのテスト②

【1】

(1) to meet (2) to talk with (3) to be (4) watching

(5) must wash (6) must not (7) don't have to (8) reading

(9) to go (10) to drink

【2】

(1) He has to study English every day.

(2) You must not close the door.

　　　あるいは　Don't close the door.

(3) You don't have to close the door.

【3】

(1) It is difficult for her to speak French.

(2) It is kind of Sachiko to help Tom.

(3) The boy has no time to practice the guitar.

(4) I must study hard to be a teacher.

(5) I want something to eat.

(6) She went to the park to play tennis.

【4】

(1) I finished eating lunch.

(2) Sachiko is going to[will] go to London to study music.

(3) The student wants[hopes] to come to Tokyo.

(4) He must[has to] clean the room.

(5) He doesn't have to clean the room.

(6) It is dangerous for my mother to drive a car.

P. 80-83

基本問題【1】

(1) how to use (2) what to buy (3) when to leave

(4) where to play (5) where to go (6) what to see

(7) when to call (8) how to play

基本問題【2】

(1) I don't know how to play this game.

(2) Sachiko didn't know when to leave.

(3) Do you know where to play tennis?

(4) Please tell me what to do.

(5) Tom told me what to see in London.

練習問題【1】

（1） Please tell me when to call her.

（2） Do you know how to use this computer?

（3） Tom didn't know what to do.

（4） I don't know where to play baseball.

（5） Please tell me what to see in France.

練習問題【2】

（1） Do you know how to play this game?

（2） Please tell me what to buy in Tokyo.

　　　あるいは　Tell me what to buy in Tokyo, please.

（3） Tom didn't know where to play tennis.

（4） My father told me what to see in London.

（5） I don't know when to leave.

P.86-87

基本問題【1】

（1） Tom is as tall as Taro.

（2） Tom can run as fast as Taro.

（3） Tom can swim faster than Taro.

（4） I can't speak English as well as you.

（5） Sachiko is younger than Mary.

練習問題【1】

（1） Tom is as young as Taro.

（2） The boy can swim as fast as Taro.

（3） I am taller than you.

（4） The student is not as tall as Mary.

（5） I can run faster than Tom.

P.90-91

基本問題【1】

（1） Tom is the tallest in our class.

（2） Taro can swim fastest of the three.

（3） Sachiko is the youngest of the five.

（4） He likes math the best of all the subjects.

練習問題【1】

（1） My father is the oldest in my family.

（２） The boy can swim (the) fastest of the three.

（３） Sachiko is the shortest in our class.

（４） Sachiko can speak English (the) best of us all.

（５） Mt. Fuji is the highest in Japan.

P.94-97

基本問題【１】

（１） broke （２） was broken （３） broke （４） was broken

（５） was stolen （６） is spoken （７） was built

基本問題【２】

（１） The computer is used by Mary.

（２） Her bag was stolen yesterday.

（３） A school will be built next year.

（４） The soccer player is known to many people.

練習問題【１】

（１） This dish was broken by Sachiko.

（２） This computer will be used by Tom.

（３） This library was built last month.

（４） The door was closed by Taro.

（５） English and French are spoken in Canada.

練習問題【２】

（１） The tennis player is known to many people.

（２） Mt. Fuji is covered with snow.

（３） French is spoken in France.

あるいは　They[You / We] speak French in France.

（４） My bicycle[bike] was stolen last month.

（５） The star can be seen at night.

あるいは　We[You / They] can see the star at night.

P.99-101

基本問題【１】

（１） didn't break （２） wasn't broken （３） didn't break

（４） wasn't broken （５） was not stolen （６） Is English spoken　— it is

基本問題【２】

（１） The computer is not used by Mary.

（２） Japanese is not spoken in Canada.

（3） The window wasn't closed by Sachiko.

（4） Is the soccer player known to many people? — Yes, he is.

練習問題【１】

（1） This cake was not made by my mother.

（2） My wallet was not stolen.

（3） A library will not[is not going to] be built.

あるいは　They[You / We] will not[are not going to] build a library.

（4） Is French spoken in France? — Yes, it is.

あるいは　Do they[you / we] speak French in France? — Yes, they[we] do.

P. 102-105　まとめのテスト③

【１】

（1）　where to go	（2）　what to see	（3）　how to play	（4）　the tallest
（5）　as tall as	（6）　of	（7）　broke	（8）　was broken

【２】

（1）　エ	（2）　ア	（3）　ウ
（4）　カ	（5）　オ	（6）　イ

【３】

（1） The computer is used by Tom.

（2） The library will[is going to] be built next year.

（3） The door was not broken by my dog.

（4） The singer is known to many people.

【４】

（1） The boy didn't know when to leave.

（2） Do you know where to play soccer?

（3） Mary can't speak Japanese as well as Tom.

（4） The student likes English the best of all the subjects.

（5） She can swim as fast as Taro.

【５】

（1） The girl is not as tall as Sachiko.

（2） Tom is as tall as Sachiko.

あるいは　Sachiko is as tall as Tom.

（3） The mountain is covered with snow.

（4） I am the oldest of the three.

（5） Please tell me what to do in France.

あるいは　Tell me what to do in France, please.

P. 108-111

基本問題【1】

(1) looks   (2) looks like   (3) look   (4) will get

(5) became   (6) looks   (7) got   (8) am

基本問題【2】

(1) Tom became a soccer player.

(2) Her house looks like a castle.

(3) Sachiko looks very tired.

(4) You will get well soon.

(5) I got very bored.

練習問題【1】

(1) I became a doctor.

(2) He looks like an actor.

(3) The teacher looks kind.

(4) Sachiko got very tired.

練習問題【2】

(1) You look very young.

(2) He looks like a robot.

(3) The girl became a pianist.

(4) Tom got well.

(5) My mother looked very busy.

P. 114-117

基本問題【1】

(1) has eaten   (2) have just finished   (3) has eaten

(4) have lived   (5) has visited   (6) has just cleaned

(7) have read   (8) has lost

基本問題【2】

(1) Tom has visited Tokyo twice.

(2) We have broken the window.

(3) I have known Sachiko since last year.

(4) My brother has just finished his homework.

練習問題【1】

(1) Mary has eaten *sushi* twice.

(2) Tom has lived in London since 2020.

(3) My mother has just cooked dinner.

（4）　Sachiko has lost the book.

（5）　I have known her for three years.

練習問題【2】

（1）　I have just eaten lunch.

（2）　We have been friends since last year.

（3）　The girl has just finished her homework.

（4）　Tom has lost the watch.

（5）　I have lived in Kyoto for five years.

P. 119-121

基本問題【1】

（1）　hasn't eaten

（2）　have never been

（3）　did　—Three hours ago

（4）　visited　—he hasn't

（5）　have　—For ten years

基本問題【2】

（1）　Tom has never visited Tokyo.

（2）　Has the boy played the guitar?　—No, he has not.

（3）　How long have you known Sachiko?　—Since last year.

練習問題【1】

（1）　When did you eat dinner?　—Two hours ago.

（2）　How long have Sachiko and Tom been friends?　—For five years.

（3）　How long have you lived in Osaka?　—Since I was twelve (years old).

P. 124-127

基本問題【1】

（1）　have been studying　　（2）　have been

（3）　has been cleaning　　（4）　has liked

（5）　has been waiting　　（6）　has been reading

（7）　have known

基本問題【2】

（1）　Tom has been practicing the guitar since this morning.

（2）　It has been raining for a week.

（3）　I have known Sachiko since last year.

（4）　My brother has been studying math since yesterday.

練習問題【1】

（1） Tom and Mary have been friends for three years.

（2） He has liked Mary for a long time.

（3） Sachiko has been playing the piano for an hour.

（4） It has been raining since yesterday.

（5） I have known her for three years.

練習問題【2】

（1） My sister has been studying English for two hours.

（2） They have been friends for a long time.

（3） The boy has been playing soccer since this morning.

（4） They have known me for five years.

P. 129-131

基本問題【1】

（1） been studying   （2） practicing

（3） been playing   （4） been practicing   — have

（5） been waiting   — Since   （6） reading

基本問題【2】

（1） Has Tom been practicing the guitar since this morning?   — No, he hasn't.

（2） It has not been raining for a week.

（3） How long have you been studying English?   — For three years.

練習問題【1】

（1） How long has your mother been cleaning the room?   — For two hours.

（2） Sachiko has not been playing soccer since last week.

（3） I have not been reading books[a book] since last month.

（4） The girl has not been playing the piano for a week.

P. 134-135

基本問題【1】

（1） his room clean   （2） her Mary   （3） him a picture

（4） me a book   （5） a watch to her   （6） for

（7） Sachiko happy   （8） me English   （9） to

練習問題【1】

（1） The story made me sad.

（2） We call the dog Pochi.

（3） Sachiko always keeps her room clean.

（4） My father teaches me math.

　　　あるいは　My father teaches math to me.

（5） He bought her a book.

　　　あるいは　He bought a book for her.

P.136-139　まとめのテスト④

【1】

（1）　looks like　　　　（2）　look　　　　　（3）　will get

（4）　her room clean　　（5）　a book to her　（6）　for

（7）　have been studying　（8）　have been　（9）　has read

【2】

（1）　イ　　　　（2）　ア　　　　（3）　エ　　　　（4）　オ　　　　（5）　ウ

【3】

（1）　Mary has eaten *sushi* twice.

（2）　I have not[never] visited Kyoto.

（3）　It has been raining for a week.

（4）　This fruit looks delicious.

【4】

（1）　I have already read the book.

　　　あるいは　I have read the book already.

（2）　Sachiko has just finished her homework.

（3）　My brother has been studying math since yesterday.

（4）　Tom became a famous singer.

（5）　She looks like a pianist.

【5】

（1）　We call the cat Tama.

（2）　The story made me happy.

（3）　Tom teaches the student English.

　　　あるいは　Tom teaches English to the student.

（4）　We have been playing soccer for two hours.

（5）　The teacher has known us for three years.

著者略歴

多田 淑恵

　合同会社テラック代表。東京大学卒、東京大学大学院修士課程修了。在学中、ドイツ ベルリン・フンボルト大学に留学。日本 IBM 勤務を経て、合同会社テラックを設立。これからの社会を見据え、子どもたちの問題解決力を養う教育事業を展開する。

　著書に『お母さんの「怒りの言葉」は子どもの「やる気を引き出す言葉」に変えられる！』（PHP 研究所）。『小学生のためのスター・ウォーズで学ぶ はじめてのプログラミング』（学研プラス）を監修。

〈英語学習・教育について〉

　中学生時代、英語学習歴 2 年で英検 2 級を取得。在籍していた同志社国際中学校で一般生史上初、帰国子女英語クラスに編入した経験を持つ。大学院では、言語情報科学専攻にて言語習得と外国語教育について研究を行う。

　学生時代から、家庭教師や塾講師を通して英語教育に従事し、日本語が原因で英語学習につまずいている生徒を多く目の当たりにしてきた。自身で教育事業を立ち上げた後も、国語力トレーニングを主軸に据えた英語教育を行っている。

日本語と英語 くらべてわかる
中 2 英文法

発行日　2023 年 7 月 10 日
著者　　多田淑恵
発行者　面屋　洋
発行所　フォーラム・A 企画

〒530-0056
大阪市北区兎我野町 15-13
　　　　ミユキビル 305 号

TEL　（06）6365-5606
FAX　（06）6365-5607
振替　00970-3-127184

デザイン　和泉りきょう／ウエナカデザイン事務所
印刷　　　尼崎印刷株式会社
製本　　　高廣製本株式会社
制作編集　樫内真名生